Willkommen auf Föhr

Jutta Kürtz

Kleines Föhr-ABC

Fotografien von Günter Pump

Husum

Einleitung

Das schöne grüne Föhr, Sehnsuchtsinsel für viele, ist mit 82 Quadratkilometern die zweitgrößte deutsche Nordseeinsel. Mitten im →*Nationalpark Schleswig-Holsteinisches Wattenmeer* gelegen. Ihr mildes Seeklima verdankt sie ihrer Lage im Windschatten von Sylt und Amrum. Auf dem Geestrücken reihen sich von der Inselhauptstadt →*Wyk* aus die elf Inselgemeinden westwärts. Mit drei großen →*Kirchen* und behaglichen Häusern. Im bedeichten Norden, in der weiten Marsch, liegen große Aussiedlerhöfe. Etwa 8400 Insulaner leben auf Föhr, jährlich kommen etwa 200 000 Feriengäste dazu. Sie lieben die romantischen Dörfer, die 15 km Sandstrände, die 200 km Radwege und die herrlich gesunde Luft. Sie lieben die Ruhe und die einzigartige Natur, kommen aber auch gerne zum Golfen, zum →*Reiten* und Surfen. Sie erleben die Traditionen der Friesen und viele kulturelle Highlights.

Ein Blick in die Geschichte

Die Eiszeiten waren es, die das Land im Norden geformt haben. Riesige Gletscher schoben gewaltige Mengen an Gesteinen zusammen mit dem Eis vor sich her. Zeiten wechselnder Vereisungen und Schmelzprozesse folgten, Klimaveränderungen mit steigenden und fallenden Meeresspiegeln in Stein- und Bronzezeit. Das Eis schmolz, die →*Steine* blieben. Land wuchs heran. Archäologische Fundorte, auch kleine Hügelgräber, belegen eine frühe Besiedelung. Noch im frühen Mittelalter war das Gebiet des nordfriesischen Wattenmeers festes Land, von Prielen durchzogen, von Nehrungen gegen die See geschützt. Die Friesen besiedelten diesen Raum ab 700 n. Chr. – die →*Uthlande* wurden durch sie zu einer damals bedeutenden Region mit Seehandel, →*Salzgewinnung* und Landwirtschaft. Kostbare Münzfunde, zum Beispiel vom Goting-Kliff, gelten als Beweis für ausgedehnten Handel, den die seefahrenden Friesen schon im 7. und 8. Jahrhundert betrieben. Bis zum Mittelmeer sollen die Verbindungen gereicht haben. Erst mit dem Aufstieg der Hanse verloren die Friesen ihren Status als das bedeutendste Handels- und Seefahrervolk der Nordseeküste. Man handelte mit nordischen Ochsen und mit friesischen Pferden, vor allem aber mit Bernstein.

Der urzeitliche harzige „Stein" brachte den Insulanern einen ersten Wohlstand und damit ein erstes „goldenes Zeitalter". Das nahe Rungholt, 1150 gegründet, wurde zum erfolgreichen Handels- und Hafenstädtchen. Die erste urkundliche Erwähnung von Föhr gab es 1198.

Die drei Hügelgräber in Utersum belegen die Besiedlung der Insel in der Bronzezeit.

Auf den Bernstein folgte Salz, das „weiße Gold". Zur Konservierung von Fisch, Fleisch und Butter war es unverzichtbar und brachte – in riesigen Mengen aus dem Torf gewonnen – den Insulanern des 13. Jahrhunderts einen beachtlichen Wohlstand, bis in der Hansezeit das preiswertere Lüneburger Salinensalz Vorrang gewann. Und so waren es dann schwere, notvolle Zeiten für die Föhrer. Vor allem, weil die großen Fluten kamen, die auch das damals noch landverbundene Föhr endgültig vom Festland fortrissen und das insulare Reich formten: 1216 und 1287. 1231 wurde Föhr in „Waldemar's Erdbuch" ausdrücklich als Insel bezeichnet. 1362 wütete die Marcellusflut, die Grote Mandränke, 1634 dann die Burchardiflut, die Zweite Grote Mandränke. Viele Menschen ertranken im wütenden Meer, das sagenhafte Rungholt versank, gut 30 weitere Kirchspiele, →*Kirchen* und Häuser wurden zerstört, Land und Vieh weggerissen, Reste der Uthlande nun zu inseligen Flächen.

1492 wurde ein erster Deich im Norden der noch ungeschützten Insel Föhr errichtet. Durch die Zerstörung der Insel Alt-Nordstrand und besonders durch eine weitere extreme Flutkatastrophe im Jahr 1825 entstand die Insel- und Halligwelt vor der Nordseeküste in ihrer heutigen Prägung. Nichts hatte für die Insulaner so viel Bedeutung für das Leben und Überleben wie die Abhängigkeit von der Natur.

Für die Friesen war es schwer, durch Fischfang und Seefahrt zu überleben. Aber dann gelang eine Wende. Es kam die Zeit der Grönlandfahrten, des →*Walfangs*, und damit die dritte Periode insularen Wohlstands. Von der Mitte des 17. Jahrhunderts an, bis zum beginnenden 19. Jahrhundert, fuhren fast alle männlichen Nordfriesen von den Inseln und →*Halligen* auf Walfang und auf Robbenschlag. Jung und Alt, im Sommer auf See, im Winter auf Föhr. Dann besuchten sie die privaten Navigationsschulen und wurden so zu den besten aller Kommandeure und Kapitäne auf den Walfang- und Handelsschiffen. In der Spitzenzeit, um 1670 herum, sollen insgesamt 3000 bis 4000 Grönlandfahrer auf den Schiffen der Holländer, Engländer, Hamburger und Dänen gewesen sein. Die Walfangzeiten waren ein Segen – aber auch entsetzlich leidvolle, traurige Zeiten für die Insulaner. Denn Hunderte, ja Tausende von Walfängern kehrten nie zurück.

Schlechte Fangergebnisse brachten Anfang des 19. Jahrhunderts den Walfang zum Erliegen. Viele Föhrer Seeleute stiegen nun um auf Kauffahrteischiffe – keine Region stellte so viele Handelskapitäne wie Föhr. Das änderte die Lebensbedingungen, auch für die Familien, denn jetzt blieben die Männer oft jahrelang fort. Föhr wurde zur Insel der Frauen. Es waren starke Frauen, die das Leben zu meistern verstanden – die Landwirtschaft betrieben und Handel, die Wolle der →*Schafe* und Ziegen verarbeiteten und exportierten.

Das 19. Jahrhundert änderte vieles auf der Insel – es gab die napoleonischen Kriege, die Kontinentalsperre, die große Rezession, es gab wieder entsetzliche Sturmfluten und schließlich den politischen Umbruch durch die Preußenzeit ab 1864/1867. Neue Verordnungen für die Seeleute, vor allem die Militärpflicht, führten zu großen Auswanderungswellen. Ein neues Kapitel der Föhrer („Welt"-)Geschichte begann. Viele Föhrer verließen ihre Insel, fanden jenseits der Meere in Amerika eine neue Heimat. (→*Auswanderung*)

Das 19. Jahrhundert bescherte aber auch nach viel Not neue Wirtschaftskraft: den Fremdenverkehr. Wyk gründete 1819 das erste Seebad an der Nordseeküste, wurde zum Urlaubsziel und schließlich sogar zur Sommerresidenz des damaligen dänischen Königs.

Ab 1842, als König Christian VIII. die Sommer auf Föhr verbrachte, kam die Insel als Kurort in Mode. „Alle Welt" besuchte die fürstliche Sommerfrische, viel →*Prominenz* kurte auf dem Eiland, Hans Christian Andersen als Gast des Königs und andere. Nach 1867 folgten preußische „fürstliche" Zeiten.

Aber auch unruhige. Nach der Volksabstimmung 1920 blieb Föhr deutsch, aber so mancher Inselfriese blieb von der Gesinnung her dem dänischen Königreich verbunden. Es gab gute Zeiten für Föhr zwischen den Kriegen, es gab leidvolle im Zweiten Weltkrieg und danach. Und dann einen Wiederaufbau mit und für Menschenscharen. Auf 2800 Föhrer trafen rund 4000 Flüchtlinge. Viele von ihnen blieben und fanden auf der Insel eine neue Heimat. Flüchtlinge waren nun auf der Insel zu Hause. Eine große Veränderung brachte ab den 1950ern eine Flurbereinigung der ganzen Inselflächen mit sich. Die Insel erhielt neue Strukturen, landwirtschaftliche Betriebe wurden modernisiert, die Marsch wurde besiedelt, ein neues Wegenetz geschaffen. Und dann blühte der Fremdenverkehr auf. Es gab noch grundlegendere Veränderungen. In einer Gebiets- und Verwaltungsreform gründete das Land 1970 den Kreis Nordfriesland und legte dafür die Kreise Eiderstedt, Husum und Südtondern zusammen. Neue Zeiten begannen.

Die Insel Föhr wird heute bestimmt von der Landwirtschaft und vom Tourismus. Sie hat sich zum Ferienparadies entwickelt.

Plinius der Ältere über die Friesen

Plinius der Ältere, der im Jahr 47 n. Chr. als Reiteroffizier in die Frieslande kam und über das Leben der Menschen dort schrieb: „In großartiger Bewegung ergießt sich dort zweimal im Zeitraum eines jeden Tages und einer jeden Nacht das Meer über eine unendliche Fläche und offenbart einen ewigen Streit der Natur in einer Gegend, in der es zweifelhaft ist, ob sie zum Land oder zum Meer gehört. Dort bewohnt ein beklagenswertes Volk hohe Erdhügel, die mit den Händen nach dem Maß der höchsten Flut errichtet sind. In ihren erbauten Hütten gleichen sie Seefahrern, wenn das Wasser das sie umgebende Land bedeckt, und Schiffbrüchigen, wenn es zurückgewichen ist und ihre Hütten gleich gestrandeten Schiffen allein dort liegen. Von ihren Hütten aus machen sie Jagd auf zurückgebliebene Fische. Ihnen ist es nicht vergönnt, Vieh zu halten wie ihre Nachbarn, ja nicht einmal mit wilden Tieren zu kämpfen, da jedes Buschwerk fehlt. Aus Schilfgras und Binsen flechten sie Stricke, um Netze für die Fischerei daraus zu machen. Und indem sie den mit den Händen ergriffenen Schlamm mehr im Winde als in der Sonne trocknen, erwärmen sie ihre Speise und die vom Nordwind erstarrten Glieder durch Erde." Gekocht und geheizt wurde also mit Torf.

Alkersum (Aalkersem)

Mitten auf Föhr, zwischen Geest und Marsch, liegt Alkersum, das älteste Dorf der Insel. Es wurde wie die meisten schon 1438 urkundlich erwähnt, ist aber nachweislich älteren Ursprungs. Es war immer ein Bauerndorf und ist mit seinen Reiterhöfen der Treffpunkt aller Pferdefreunde. Familienurlauber lieben diesen blühenden Ort. Seit einigen Jahren aber ist Alkersum weit über die Insel- und Landesgrenzen hinaus bekannt – die Kunstwelt schaut auf das einzigartige Museum Kunst der Westküste und reist auch von weither herbei (→*Museen*). Auch die Ferring-Stiftung und der FriiskFunk befinden sich hier.

Eine alte Schiffsglocke auf dem Reetdach eines Hauses am Dorfplatz in Alkersum

Auswanderung – Amerikaner

Man weiß: In zwei Städten dieser Welt leben mehr Föhrer als auf Föhr: in Petaluma, Kalifornien, und in New York, an dessen Gründung ja auch Friesen beteiligt waren.

Der Feriengast wundert sich: Vor vielen Föhrer Häusern weht die amerikanische Fahne, so mancher Friese spricht ein englisch klingendes Deutsch, und wenn die Insulaner von „drüben" berichten, meinen sie meist Amerika. Es ist tatsächlich so: Fast jede Föhrer Familie hat Verwandte in den USA. Große Netzwerke gibt es vor allem auf Long Island/New York und in Petaluma/Kalifornien. Denn seit dem 19. Jh. war die Auswanderung nach Übersee ein großes Thema auch der nordfriesischen und Föhrer Geschichte.

Immer schon haben Menschen ihre Heimat verlassen müssen. Kriege, Naturkatastrophen, wirtschaftliche Not, Überbevölkerung, es gab viele Gründe. Auch Abenteuerlust. Anhaltende Wirtschaftskrisen führten seit den frühen 1830er Jahren zu einem steten Anwachsen der Auswanderung. Spitzenwerte mit jeweils einer Million Emigranten aus Deutschland wurden 1846–1857 und 1864–1873 erreicht. Nach der Reichsgründung, ab 1880, gingen sogar mehr als 1,8 Millionen Deutsche in die USA. Viele Millionen Menschen haben Deutschland im 19. und 20. Jh. verlassen.

In Schleswig-Holstein und auf den nordfriesischen →*Inseln* gab es Anlässe genug. Die Not des Dreißigjährigen Krieges, später der dänische Staatsbankrott von 1813, die vielen zerstörerischen Sturmfluten, vor allem aber die sehr speziellen politischen und die schwierigen wirtschaftlichen Entwicklungen. Die Not auf der Insel zwang immer wieder zur Flucht, der kalifornische Goldrausch lockte dann 1848–1854, und die Erfolge der Vorfahren in dem „Land der großen Möglichkeiten" schienen Träume wahr zu machen. Dann kam 1867 mit der Preußenzeit die Angst vor der preußischen Militärdienstpflicht, die es in Dänenzeiten nicht gegeben hatte. Anlass genug für viele junge Leute, die Insel zu verlassen. In den Jahren 1850–1890 beispielsweise sind etwa 40 % aller konfirmierten Knaben Föhrs ausgewandert, außerdem 20 % aller Mädchen. Zwischen 1901 und sogar bis 1960 wanderten 61 % der männlichen und 38 % der weiblichen Schulabgänger vom Nordwesten Föhrs in die Staaten aus. Man ging „rüber“, versuchte jenseits des Ozeans sein Glück. Mit großem Fleiß baute man sich eine neue Existenz in der Neuen Welt auf. Immer mithilfe der älteren Föhrer Auswanderer, die als Holzfäller, Farmer, als Handwerker, einst auch als Goldwäscher, als Arbeiter in Fabriken und in „Delis“ – den Delikatessen-Stores – schufteten. Und Wohlstand und Erfolg hatten. Dabei hielten die Friesen immer zusammen, sie bewiesen ihren starken Gemeinschaftssinn, gründeten Unterstützungsvereine und organisierten auch Treffpunkte. Ganze friesische Stadtteile entstanden. Hier pflegte man die friesische und die plattdeutsche Sprache und heimisches Brauchtum, hier half man, wenn es nötig war. 1937 wurde sogar ein „Föhrer & Amrumer Damen-Verein“ gegründet.

In den 1950er und 1960er Jahren gab es die letzte große Auswanderungswelle – etwa 500 Nordfriesen suchten „drüben“ bessere Lebensbedingungen.

Viele „Amerikaner“ kehren zurück, besuchen ihre Verwandten oder bleiben bis an ihr Lebensende. Schließlich gehören acht Prozent des Grund und Bodens der Insel Amerika-Föhrern. „Welkimen tüs“, begrüßt man sie hier, „Willkommen zu Hause“. Und sie antworten dann: „Amerika ist unsere Frau geworden, aber Föhr ist unsere Mutter geblieben.“

Auf der Insel findet man Hinweise auf die amerikanischen Föhrer.

Badekur und Badeleben

„Friesische Karibik" – damit wirbt die Insel Föhr seit einigen Jahren und setzt sich damit ab gegen die Inselschwestern Sylt und Amrum. Als Vorzüge der Insel gelten die langgezogenen weißen Sandstrände, das üppige Grün und die windgeschützte Lage. Und die mit Leidenschaft für den Tourismus lebenden Insulaner. Es ist karibisch schön.

Das alles begann in der Geschichte →*Wyks*, damit auch der Insel, als das Seebad gegründet wurde.

1818 übernahm H. F. v. Colditz das Amt des Gerichtsvogtes mit Wyk als Amtssitz. Die belebende Wirkung eines Bades in der offenen See brachte den tatkräftigen Mann auf die Idee, nach englischem Vorbild in Wyk eine Seebadeanstalt einzurichten. Der Süden Englands und das große Ostseebad Heiligendamm hatten es vorgemacht. Und so manches Seebad an Nord- und Ostsee präsentierte sich ja schon als Sommerfrische. Vorausschauende Föhrer Männer gründeten also eine Aktiengesellschaft und das Seebad Wyk. Sie sorgten für die Gesundheit der Menschen und zugleich für den Stadtsäckel. Wyk blühte auf. Die Urlauberfreuden begannen 1818 mit Seewasseranalysen, mit ein paar Wannen für heiße Bäder, mit drei Badekarren am Südstrand – Damen und Herren meilenweit voneinander getrennt. Im Haus des Apothekers gab es einen Mittagstisch, ein Conversationshaus wurde zum Treffpunkt für Unterhaltung und 80 Fremdenbetten in Privathäusern warteten auf Gäste. 61 Badegäste kamen im ersten Jahr, 484 warme und kalte Bäder wurden gebucht. So startete das Seebad. 1820 waren es dann schon 102. Das war ein bescheidener Erfolg, aber immerhin ein Anfang. Denn schließlich waren

Nachbau eines alten Badekarrens

Gedenkstein für Dr. Carl Gmelin, den Gründer des Nordsee-Sanatoriums

Vergnügungs- und Erholungsreisen und das Urlaubmachen noch nicht für jedermann möglich. Die wenigen, die es sich leisten konnten, mussten auch erst einmal hinkommen zu der Insel mitten im Meer. Erst 1834 wurde ja eine Dampfschiffsverbindung zwischen Hamburg und Wyk eröffnet. Der erhoffte große Erfolg stellte sich für Wyk dann ein, als die heute noch vielgerühmte Königszeit anbrach. Als in den Jahren 1842 bis 1847 der dänische König Christian VIII. Wyk zu seiner Sommerresidenz wählte, begann eine phantastische Blütezeit. Die Anwesenheit des Königs wirkte auf die Besucher des Bades wie ein Magnet. 1847 zählte man erstmals 1051 Besucher. Wyk, das Seebad und ganz Föhr erlebten dann sehr wechselvolle Zeiten. Glanz und Gloria, aber auch Krieg, Zerstörung und große Brände. Ein Seebad im Auf und Ab. Mit dem Ende der dänischen Herrschaft und der Eingliederung in Preußen entwickelte sich das königliche Seebad neu und richtete auch seine Anlagen neu aus, modernisierte den ganzen Badebetrieb. Die Badeanstalt, das neue Kurhaus, moderne Hotels und prachtvolle Bürgerbauten mit Ferienquartieren: Man genoss ja durchaus exklusive Unterhaltung und das rechte gesellschaftliche Miteinander. Schließlich wählten auch die preußischen Hoheiten und viel →*Prominenz* die Insel Föhr zum Sommerziel.

Aufschwung brachten dann Ende des 19. Jh. wichtige Neugründungen. Föhr entdeckte die Meeresheilkunde. Mit dem Bau des Seehospizes (1882–1883), dem späteren Hamburger Kinderheim, startete Prof. Beneke die bedeutsame Entwicklung des Kinder-

Vom Südstrand kann man die ein- und auslaufenden Fähren sehen.

heilbades Wyk auf Föhr. Mit dem Bau des Nordseesanatoriums setzte Dr. Gmelin 1898 neue Maßstäbe, Prof. Haeberlin begründete mit ihm zusammen den internationalen Ruf der Meeres- und Klimaheilkunde auf Föhr. Am noch einsamen Südstrand wuchs ein neuer Badeort heran: mit dem schönen Kurparkgelände, einem weiträumigen Golfplatz, mit weitem Strand. Wyk wurde zum erfolgreichen Badeort mit dem repräsentativen Glanz und Wohlstand der Kaiserzeit. 1913 zählte man erstmals mehr als 10 000 Besucher.

Schwere Zeiten brachen für das Seebad an durch den Ersten Weltkrieg, dann aber folgten „Goldene Zwanziger Jahre". Der Flugplatz wurde angelegt, die Kleinbahn von Niebüll nach Dagebüll ausgebaut. In der Zeit nach 1933 stieg die Zahl der Kurgäste durch die „Kraft-durch-Freude"-Reisen spürbar an. Allerdings fehlte es an

Mitteln für notwendige Investitionen. Schließlich kam der Zweite Weltkrieg mit seinen verheerenden Folgen, auch mit dem Verbot des Badebetriebs und der großen Zahl an Flüchtlingen und Evakuierten. Wieder einmal schwere Zeiten. Erst in den 1950er Jahren hatte Wyk schließlich wieder 1200 freie Betten für Badegäste.
Dann allerdings folgte ein atemberaubender Aufschwung. Neue Generationen folgten mit neuen Freizeitmodellen. Die Stadt besaß den Mut zu großen Investitionen, um Wyk seine Wettbewerbsfähigkeit als Nordseebad zu sichern. Die Angebotsstruktur wurde verbessert, der Hafen ausgebaut, ein modernes Kurmittelhaus entstand, das Meerwasserbrandungshallenbad. Man spülte in großem Umfang Strände auf und machte die „weiße Industrie" zum Wirtschaftsfaktor Nr. 1 in Wyk und auf der grünen Insel Föhr. Diese Euphorie hielt an. Unbeirrbar investierten Wyk und die Insel und setzten auf den Erfolg des Tourismus.
Ein großer landschaftlicher Charme, eine beeindruckende, schützenswerte Natur, für den Tourismus lebende Einheimische, ein an Ferienfreuden orientiertes Inselkonzept – alles das macht die Seebad-Insel Föhr zu einem kleinen Paradies.

Kliniken und Hotels prägen heute das Bild von Wyk.

Boldixum (Bialigsem)

Viele Jahrhunderte lang war das Kirchdorf Boldixum, 1438 erstmals erwähnt, mit der schönen St.-Nicolai-Kirche (→*Kirchen*) eigenständig – bis es 1924 nach →*Wyk* eingemeindet wurde. Das Seebad, die Inselhauptstadt, brauchte den Südstrand (schon 1910 an Wyk gebunden) und Platz für seinen Ausbau.

Borgsum (Borigsem, Boisem)

Der Name sagt es: Borgsum ist die sehr alte Siedlung an der →*Lembecksburg*, einer Ringwallanlage aus dem 8.–10. Jh. n. Chr. – sie ist eine spannende, einmalige Sehenswürdigkeit der Insel, ein Ort, der Geschichte(n) erzählt. Die wiederaufgebaute und als private Kulturstätte genutzte Borgsumer Mühle gibt dem Bauern- und Ferienort ein attraktives Fotomotiv. Maislabyrinth, moderne Minigolfanlage, Hühner-Hofläden mit riesigen Erntefeldern – Feriengäste sind in Borgsum willkommen.

Borgsum – Haus von 1863 mit Friesenwall

Camping

Das ist toll und ziemlich neu: Seit dem Sommer 2015 haben auch Wohnmobilisten ihre perfekte Bleibe auf Föhr – nein, keine Wohnwagen, keine Zelte, keine Anhänger.

Denn wer sein Haus auf Rädern mit in den Urlaub nimmt, der findet von März bis November an der nördlichen Grenze von →*Utersum* einen modern ausgestatteten, weiträumigen Stellplatz. Und im Ort alles, was man so braucht.

Für Camper mit Reisemobil befindet sich in Utersum ein modern ausgestatteter Platz.

Christian VIII.

Er war der dänische König, der Föhr für sich entdeckte: Christian VIII., der von 1839 bis 1848 als dänischer Herrscher auch der König der Föhrer war. Von 1842 bis 1847 wurde Föhr seine Sommerresidenz – das brachte dem kleinen Seebad Ruhm und Ehre und vor allem glanzvolle Zeiten. Denn Hoheit reisten mit großem Gepäck und einem 80-köpfigen Hofstaat an. Die sollten alle Logis haben und rundum versorgt werden! Prominente Gäste besuchten ihn – auch der dänische Märchendichter Hans Christian Andersen – und vor allem herrschte ein buntes Treiben und fürstliches Gesellschaftsleben, wenn der König und seine Entourage anwesend waren. Er

liebte die Geselligkeit, die Wissenschaften und Kunst und wohl auch schöne Frauen. Der König wohnte im Haus des Konsuls Nommensen in →*Wyk*. Das Haus am Sandwall, Ecke Hauptstraße, wurde später „Königshaus“ genannt. 1843 kaufte Königin Caroline Amalie am Hafen ein Gelände, auf dem sie den Königsgarten anlegen ließ. Die Föhrer liebten ihren König. Noch heute spricht man stolz von ganz persönlichen Ereignissen in der eigenen Familie.

Christian VIII., König von Dänemark, hier auf einem Gemälde von Louis Auguste François Aumont, Kongernes Samling, Amalienburg

Deiche und Dünen

Wer an der Nordseeküste und auf den →*Inseln* unterwegs ist, trifft immer wieder auf zweierlei Höhenzüge: auf Deiche, von Menschenhand angelegt, und auf Dünen, von der Natur geformt. Beide Erdhügelketten sind Begrenzungen gegen das Meer. Tatsächlich braucht man keinen künstlichen →*Küstenschutz*, wenn große Dünen zum Landschaftsbild gehören.
Die wichtigste Schutzmaßnahme gegen Sturmfluten ist der Deichbau. Föhr hat 22 km grüne Deiche, die das Marschenland umgeben, und 15 km Sandstrand, auch Dünen, und an vielen Küstenstreifen Steindeiche, die vor dem Abriss und Wasserfraß schützen. Jahrhundertealt sind die Erfahrungen der Deichbauer – wer Theodor Storms „Schimmelreiter" gelesen hat, der weiß, dass schon immer mit Deichprofilen experimentiert worden ist. Das ist ein dauerhaftes Thema der Deichbauer und des Küstenschutzes. Bis heute. Auf dem Deichkamm kann

Der Deich schützt die Insel bei Sturmfluten.

man wunderbar rund um die Insel wandern – mit dem weiten Blick übers Meer. Vom Westen aus sind Amrum und Sylt zu sehen, im Süden schaut man zur Hallig Langeneß.
Westlich von →*Witsum*, vor →*Oldsum* und am Strand von →*Utersum* findet man die Föhrer Dünen – es sind nur kleine Dünenberge, weil Föhr ja im Windschatten von Sylt und Amrum liegt. Sie sind geschützt und dürfen nicht betreten werden. Die besonders hohen und ausgedehnten Dünenketten auf der Nachbarinsel Amrum werden von den direkten Winden und Fluten von der offenen Nordsee ständig geformt. Das wiederum schützt Föhr.

Die Dünen vor Goting

Dunsum (Dunsem)

Ganz im Westen der Insel liegt das aufgrund archäologischer Funde aus der Jungsteinzeit nachweislich sehr alte Dorf Dunsum. Es ist zweigeteilt in das ältere Groß-Dunsum und das nach einer schweren Sturmflut östlicher aufgesiedelte Klein-Dunsum. Wattwanderer starten hier ihre Tour nach Amrum. Es ist faszinierend, auf dem Meeresgrund zu laufen (→*Wattwanderung*). In Dunsum läuft man aber auch gerne auf dem 22 km langen →*Deich* entlang, die unendliche Weite des Meeres, Sylt und Amrum im Blick – und erlebt die schönsten Sonnenuntergänge der Insel!

Essen und Trinken

Krabben müssen sein! Am besten frisch vom Kutter und frisch gepult. Zu gebuttertem Schwarzbrot und lockerem Rührei, schnell gebraten als Porrenpann oder in sahniger Soße als cremige Porrenkartoffeln. Alles Delikatessen. Die kleinen Garnelen heißen in Nordfriesland Porren. Krabbenpulen kann jeder – denn: Jeder kann den Striptease der kleinen Schalentiere lernen. Man sieht die Krabbenkutter mit ihren seitlich ausgehängten Netzen, den Kurren, im Sommerhalbjahr fast täglich hinausfahren zum Fang, in früheren Zeiten wurden die Porren mit Schiebenetzen im flachen Wasser eingeholt. Noch an Bord werden die grauen Schalentiere gekocht und landen dann mit roter Schale direkt auf dem Tisch zum Pulen. Natürlich kann man sie auch ohne Schale kaufen – sie werden in großen Mengen in Billiglohnländer transportiert und kommen dann geschält zurück.

Nun sind Kabben ja nicht die einzige Föhrer Spezialität. →*Muscheln* und al-

Krabbenkutter mit ihren beidseitigen Schleppnetzen sind schon von Weitem erkennbar.

lerlei Meeresgetier, auch schmackhafte Austern, wilde Enten und heimisches Federvieh, Lamm von den Salzwiesen und Rind von fetten Weiden, viel Schwein und Niederwild in Zeiten der Jagd – alles das steht auf den Speisekarten. In großer Auswahl und je nach Koch landestypisch oder auf feinere Art zubereitet. Jahreszeitlich frisches Grün aus den Gärten gibt es dazu, viel Kohl im Winter – und alles, was im Meereswind auf Bäumen, in Büschen und auf den Feldern wächst. Aus allen roten Früchten werden leckere Rote Grützen gekocht! Man kocht und brät ganz allgemein auf traditionelle norddeutsche Art. Mit sehr guten heimischen Produkten und ohne „viel Gedöns", wie man hier sagt. Pur. Deftigkräftig, zuweilen mit Schinken und Speck und immer mal broken sööt oder söötsuur, wie man es im Norden so gewohnt ist. Also mit aufgebrochener, fruchtiger Süße durch Beigabe von Obst oder sogar richtig süßsauer. In früheren Zeiten waren die Tische nicht immer reich gedeckt – „die Lebensart der Alten ist sehr bescheiden und sparsam", schrieb ein Chronist noch im 19. Jh. – so gibt es in der urigen Inselküche auch mal schwere Mehlspeisen: den Groten Hans und den Mehlbüddel, den lecker-lockeren Pott, einen fruchtigen Abenkater mit Birnen und Speck oder kräftige Eierspeisen. Suppen und Eintöpfe mit allem drin, was gerade so Saison hat. Mit kleinen und großen Klößen. Und im Winter, wenn gefeiert wird, Grünkohl mit sehr viel fettem Fleisch. Bei Winterkälte, auch beim Biiken (→*Tradition*) genau das Richtige.

Etwas sehr Besonderes sind die Salzpflanzen, die man in den Salzwiesen pflückt – den Suden, den Strandwegerich, den immer beliebter werdenden →*Queller* oder auch Stranddreizack und manch anderes, was in unserer erkenntnisreichen Zeit neue experimentierfreudige Köche und Genießer freut. Wer deftig isst, muss etwas Ordentliches trinken. Bier passt immer – inzwischen gibt es sogar ein schmackhaftes Inselbräu. Klarer Schnaps gehört dazu oder der geele Köm, der auch den Teepunsch so würzig und süffig macht. Teebowle ist dann ein Longdrink für große Feste – Fremde seien gewarnt.

Das Gemisch aus Hochprozentigem mit Brausegetränken geht schnell in den Kopf! Zum Kuchen trinkt man gern den Pharisäer oder die Tote Tante. Da sollte man auf jeden Fall die unvergleichliche Friesentorte essen oder frisch gebackene Waffeln. Überhaupt immer alle die Kuchen, Kekse und Futtjes (Pförtchen, kleine Berliner), die hausgemacht sind.

Und was „typisch Föhr" angeht: Seit ein paar Jahren, seit Amerika-Heimkehrer ihn mit auf ihre Insel brachten, trinkt man überall den rotglühenden, schwipsigen Manhattan. Ein Cocktail, der es in sich hat: Man mixt ihn aus je einem Drittel Whisky, rotem und weißem Wermut und gibt eine süße Cocktailkirsche hinein.

Auch das ist original Föhr: Insel-Produzenten. Sie verkaufen in ihren Spezialitätenhäusern oder in Hofläden Schinken und Wurst, Fleisch von Schwein und Ziege, Schaf und Lamm, Eier frisch vom Huhn, Käse und Molkereiprodukte vom Hof, auch Eis (!), Senf und Saucen, Honig und Marmeladen, Saft von der Streuobstwiese, Bier, Gin und Eierlikör, Wein von Föhrer Reben (→*Weingut Waalem*) und sogar bunte Bonbons.

Fähren – Fährlinien

Moderne Autofähren pendeln zwischen Föhr und dem Festland.

Die vor der Nordseeküste gelegenen →*Inseln* sind durch Fähren vom Festland aus erreichbar. Sylt ist durch einen Eisenbahndamm, den Hindenburgdamm, in einer festen Verbindung. Auch Nordstrand und die Hamburger Hallig sind über Dämme erreichbar. Föhr „schwimmt“. Zwischen dem Festland und der Insel Föhr erlebt man also immer eine kleine Seereise. Nach Föhr fährt man eine knappe Stunde – mehrmals am Tag nach einem festen Fahrplan ab Dagebüll. Kleine und große Auto- und Personenfähren sind tagein, tagaus das Transportmittel übers Meer für Bewohner und Besucher der Inseln und →*Halligen*. Unermüdlich pflügen sie bei Ebbe und Flut durch die Nordsee – längst sind sie durch Ausbaggerung von Fahrrinnen tideunabhängig. Dennoch kann man bei Sturmfluten oder bei extremem Niedrigwasser besondere Situationen erleben. Auf bequeme Weise, an Bord gestärkt und gut versorgt, kommt man so an sein Ziel. Kenner lieben die kleine Seefahrt! Wer mit der Bahn anreist, steigt direkt am Fähranleger aus. Wer mit dem Auto fährt, parkt auf dem großen Inselparkplatz, shuttelt mit dem Bus bis zum Hafen und geht als Fußgänger an Bord. Oder man nimmt das Auto mit auf die Insel – den Fährplatz sollte man immer vor der Fahrt buchen.

Wer die Insel Föhr mit dem eigenen Boot besuchen will, findet in dem schönen Wyker Hafen einen zentralen Liegeplatz – ja, auch hierfür ist eine Anmeldung notwendig.

Fliesen

Einst waren sie in friesischen Häusern ein selbstverständlicher Wandschmuck, heute sind sie bei Sammlern und Antiquitätenhändlern etwas ganz Besonderes und entsprechend kostbar: die holländischen Fliesen. Europas bedeutendste Fayencezentren entstanden in den Niederlanden. Von hier gelangte die Fliese in die europäische Wohnkultur. Die Seefahrer von den nordfriesischen →*Inseln* und →*Halligen*, die ab Mitte des 17. Jh. in holländischen Diensten auf →*Walfang* fuhren, brachten als Erste Fliesen mit. Ein Zeichen des Wohlstands, nach erfolgreichem Walfang gekauft von guter Heuer. Die Fliesenwände waren Schmuck für den Wohnraum, gaben mit ihrem weiß schimmernden Malgrund etwas Lichtes, brachten aber auch an den Außenwänden Schutz gegen Wind und Feuchtigkeit. Und: Fliesen erzählen Geschichten. Da gibt es Landschaften und Brücken, Tierserien, auch abenteuerliche Meeresungeheuer und ergötzliche Szenen aus der Mythologie. Serien von Berufen, auch Jäger und Hirtenbilder, und die liebevoll gemalten Kinder- und Spiele-Szenen. Sehr häufig kommen Abbildungen von Schiffen vor, ähnlich beliebt sind die zarten Streublumen und die „Blompots", die Blumentöpfe. Ab Mitte des 18. Jahrhunderts entstanden die heute kostbarsten „biblischen" Fliesen. Die Figuren kommen aus dem Alten und dem Neuen Testament, rund 350 verschiedene Motive sind erhalten, zuweilen samt Textstelle. Im 18. Jahrhundert wurde

die manganfarbene Fliese modisch, in manchen Häusern findet man noch heute die Farben gemischt vor.
Etwas Besonderes sind die großen Fliesenbilder, ein Schmuck mancher Häuser. Mindestens vier Fliesen ergeben zusammen ein Motiv, große Fliesenbilder bestehen aus 45 Dutzend Einzelstücken. Im Friesen-Museum sieht und erfährt man viel über diese Besonderheit friesischer Häuser.
Die große Masse der Fliesen exportierten die Holländer im 18. Jahrhundert. Von 1790 bis 1855 wurden knapp fünf Millionen Fliesen nur nach Norddeutschland verkauft. Die Massenproduktion allerdings brachte schließlich einen erkennbaren Qualitätsverlust: Die späteren Motive sind weniger akkurat, simplifizierter in der Darstellung, die Rand- und Rahmenmotive schlichter. Auch die Dicke der Fliese hat sich verringert.
Alte holländische Fliesen sind heute sehr teuer. Aber es gibt inzwischen sehr gute Reproduktionen. Nur der Kenner sieht den Unterschied ...

Fliesentableau mit Walfangdarstellungen aus einem Haus in Wrixum, es gehörte im Jahr 1783 Arfst Nahmen.

Friesen

Auf der Insel Föhr leben Friesen, eine anerkannte nationale Minderheit. Es sind Nordfriesen. Sie pflegen ihre eigene Sprache, ihre eigenen Bräuche und demonstrieren grundsätzlich ihre eigene Identität, ihr Eigen-Sein. In ganz Schleswig-Holstein leben ungefähr 50 000 Nordfriesen – auf sechs →*Inseln*, zehn →*Halligen* und an der nordfriesischen Küste zwischen Eider und Wiedau.

Römische Autoren haben vor etwa 2.000 Jahren zum ersten Mal von Friesen berichtet, den „Frisii" oder „Frisiavoni" – die lebten damals im Norden der heutigen Niederlande. Von dort wanderten wohl die ersten nordwärts, in die schon seit Jahrtausenden besiedelten Landflächen an der Nordseeküste, auch der jetzigen Insel Föhr. Im 7./8. Jh. war das heutige Nordfriesland wohl schwach bewohnt und bot Lebensraum für die Friesen. Um 700 und in einer zweiten Einwanderungswelle

Noch immer sind die Friesen aktiv als Deichbauer und Küstenschützer.

Naturbernstein war seit dem 10. Jahrhundert ein begehrtes Handelsgut.

im 11. Jh. haben sie nachweislich die Inseln Sylt, Föhr und Amrum, den westlichen Teil Eiderstedts und auch Helgoland besiedelt, wohl auch Teile der Marsch.
Die im Norden lebenden Friesen waren aktiv als Deichbauer und Küstenschützer und machten sich ihre neue Lebenswelt schnell bewohnbar. Sie errichteten um 1100 die ersten, noch niedrigen →*Deiche* zum Schutz gegen das Meer. Sie betrieben Fischhandel, Viehzucht und Viehhandel. Seit dem 10. Jh. wurde auch mit dem begehrten Bernstein gehandelt.
Dann wurde die →*Salzgewinnung* aus dem salzhaltigen Torf zu einem großen Wirtschaftsfaktor. Salz wurde zur Konservierung von Fisch und Fleisch gebraucht. In großen Mengen wurde friesisches Salz gewonnen (→*Salz*), ein kostbares Gut, weil der Export von gesalzenem Hering alle europäischen Völker verband. Lange waren die Friesen maßgeblich am Handel in der Nordsee und Ostsee beteiligt, eine Weile wurde die Nordsee „Mare Frisicum" genannt. Sie verstanden es auch, die Wolle der →*Schafe* zu verspinnen und zu verweben, sie bearbeiteten die Häute von Rindern und Ziegen. Bis zum Aufstieg der Hanse waren die Friesen das bedeutendste Handels- und Seefahrervolk der Nordseeküste.
Der größte Feind der Friesen aber war das Meer. Die unbeherrschbare Nordsee. So markieren die wichtigsten Daten der Geschichte Nordfrieslands auch die großen Sturmfluten, besonders die großen „Mandränken": die Sturmflut von 1362, die auch das sagenumwobene Rungholt zerstörte, und die Sturmflut von 1634, in der die Insel Strand, ein Kerngebiet von Nordfriesland, zerrissen wurde. Weite Teile des Siedlungsgebietes wurden vernichtet. Eine ehemals reiche Kulturlandschaft verschwand im Meer. Es waren große Naturkatastrophen, die

alles Land und Leben an der Nordseeküste veränderten. Aber die überlebenden Friesen blieben. Ihre Geschichte war sehr wechselhaft.

Seit 1990 sind die Friesen als friesische Volksgruppe anerkannt. Sie sind seit 1998 mit den anderen nationalen Minderheiten in Deutschland rechtlich gleichgestellt.

In keinem Siedlungsgebiet der Friesen, weder in den Niederlanden noch in Ostfriesland oder Nordfriesland, ist es zur Gründung eines eigenen friesischen Staates gekommen. Die Nordfriesen waren ursprünglich unmittelbar dem dänischen König, später größtenteils den Herzögen von Schleswig und Holstein und von 1865 an dann Preußen verbunden. Ihr Widerstand gegen die Machthaber regte sich immer dann, wenn diese versuchten, die Steuersätze zu erhöhen und ihre Freiheit einzuschränken.

In Nordfriesland sprechen etwa 10 000 Menschen Nordfriesisch. Es gibt neun regional verschiedene Dialekte: Fering = Föhring auf Föhr, übrigens auch auf der Insel noch mit lokalen Besonderheiten, aber alle verstehen sich. Auf Amrum spricht man Öömrang = Amring, auf Sylt Sölring = Syltring und auf Helgoland Halunder. Dann gibt es noch das Halligfriesisch und auf dem nordfriesischen Festland fünf Dialekte. Die Gemeinde Risum-Lindholm ist eine Hochburg des Friesischen. Auf der Halbinsel Eiderstedt, auf der auch Nordfriesen leben, wird übrigens seit dem 17. Jh. Niederdeutsch gesprochen.

Nordfriesisch ist eine der kleinsten Sprachen in Europa. Es gehört zu den durch die Europäische Sprachen-Charta geschützten Minderheitensprachen. Es ist aber in den letzten Jahrzehnten gelungen, der bedrohten friesischen Sprache mehr Beachtung zu geben. In Kindergärten wird sie ge-

Die Ferring-Stiftung vereint unter einem Dach neben Veranstaltungsräumen die Inselarchive, eine Bibliothek und den FriiskFunk.

sprochen, in Schulen unterrichtet, in Flensburg und Kiel kann Frisistik studiert werden. Auch die Medien sind hier aktiver geworden. Es gibt Wörterbücher für die verschiedenen Dialekte und eine Nordfriesische Wörterbuchstelle. Friesische Literatur, auch zeitgemäße, und friesische Lieder, auch moderne Musik, haben für die Inselfriesen eine hohe Bedeutung.

Die 1988 gegründete Ferring-Stiftung mit Sitz in →*Alkersum* dient der Förderung wissenschaftlicher Forschung zu nordfriesischer Kultur, Geschichte und Sprache. Ein Schwerpunkt gilt Föhr. Eine große Fachbibliothek zu friesischen Themen und ein bedeutendes Archiv sind Teil der Stiftung. Ein umfangreiches Programm für die Öffentlichkeit wird Jahr um Jahr angeboten. Im selben Haus hat auch der FriiskFunk seinen Sitz, ein tägliches Radioprogramm in friesischer Sprache. Der Offene Kanal Schleswig-Holstein ist der Betreiber des Bürgerfunks. Die Sendungen werden von Friesen für Friesen gemacht.

Friesenhäuser

Friesenhäuser auf der Insel haben einen besonderen Charme. Behaglich sehen sie aus mit ihren Reetdächern, mit ihren Giebeln und Gauben, mit kleinen Sprossenfenstern und wunderschön geschnitzten Türen. Katzenkopfpflaster umgibt sie und Rosen ranken überall, auch auf den Friesenwällen, die kunstreich aus Feldsteinen aufgeschichtet wurden.

Die alten Föhrer Häuser sind utlandfriesische Häuser in traditionellem Baustil. Einige sind denkmalgeschützt! Sie wurden als schmale, niedrige Langhäuser gebaut, mit einem tief gezogenen Dach. Ihre Konstruktion ruht auf frei stehenden Ständern, Träger der Dachsparren. Meist steht die Konstruktion gesichert auf Feldsteinen. Das war früher ein Schutz bei Sturmfluten, die die Häuser erreichten und dann die Wände unterspülen konnten, ohne dass die Häuser einstürzten. Bei Reetdächern war – und ist – der Giebel über der Haustür ein Schutz, falls das Dach brennt und die Reetbündel herabstürzen. So bleibt der Rettungsweg frei.

Die alten Häuser hatten zum Heizen Bilegger, mit gusseisernen Platten ummantelte Öfen, die von der Küche aus befeuert wurden und die Wärme in die Stube abstrahlten. Häufig waren die Wände gefliest mit den schönen blauen oder manganfarbenen →*Fliesen* aus Holland. Man schlief in Alkoven, also vertäfelten, verschlossenen Wandbetten. Oft hatten die Häuser auch Klöntüren, also halb zu öffnende Türen. Zum Reden mit den Nachbarn draußen. Im Garten stand die Wasserpumpe. Diese utlandfriesischen Häuser waren Langhäuser, in denen Stall und Wohnraum innerhalb eines Gebäudes untergе-

Das Altföhringer Haus „Olesen" (1617) aus Alkersum auf dem Gelände des Friesen-Museums

bracht waren. Zum Wirtschaftstrakt auf der einen Seite gehörten die Dreschtenne und Ställe für die Tiere, Kammern für Knechte und Mägde. Es gab Stauraum auf den nicht ausgebauten Dachböden.

Das historische Haus Olesen im Wyker Friesen-Museum (→*Museum*) ist ein wunderschön restauriertes originales utlandfriesisches Haus.

Im Stil ist diese traditionelle Bauweise auf den →*Inseln* erhalten geblieben, auch modern und großflächiger nachgebaut. Aber die Nutzung hat sich stark verändert, weil die Bewohner meist Privatmenschen, auch Urlauber, sind die mehr Platz brauchen. Die Dächer sind fast alle zu Wohnungen ausgebaut, Gauben wurden eingefügt, Scheunen sind zum Teil sehr schön zu großzügigen Wohnräumen geworden, mit bodentiefen Fenstern. Es gibt auch kein Haus mehr ohne modernste Sanitärräume. Und längst gibt es sehr phantasiereiche Bauten „im Friesenstil".

Friesische Redensarten

Es versteht sich, dass die Föhrer in ihrer eigenen Sprache Hunderte von Sprichwörtern und Redensarten haben, die oft auch friesische Lebensart, Geschichtliches und viel typischen Humor und Charme belegen. Nur die Friesen verstehen sie. Aber einige Worte tauchen immer wieder auf. Beispiel: „Rüm Hart, klaar Kiming" – das bedeutet „Weites Herz, klarer Horizont!" und soll aus der Seefahrt stammen.

Das Wort wird den welterfahrenen inselfriesischen Kapitänen zugeschrieben. Es gilt aber seit Langem als Sylter Wappenspruch und soll die Friesen charakterisieren, mit ihrem menschenfreundlichen Herzen und ihrer klaren Sicht auf die Dinge des Lebens. Viel zu sehen ist auch „Leewer duad üüs slaaw" als Wahlspruch der Friesen – in sehr unterschiedlichen Schreibweisen. „Lieber tot als Sklave" bedeutet das und ist eine Symbolik für die Freiheit der Friesen – schon seit dem 19. Jh. politisch eingesetzt in der Zeit der Auseinandersetzung mit den Dänen. Aber der Freiheitswille der Friesen war ja schon seit dem Mittelalter legendär. Dazu passte dann, dass ein Inselfriese die schöne Geschichte vom Grütztopf erfand, mit dem die friesischen Frauen als Wurfgeschoss den dänischen Feind in einer Schlacht vertrieben haben sollen, als ihre Männer erfolglos kämpften. Wir finden den Grütztopf noch in alten Wappen wieder. Und es passt auch die schöne (erfundene) Geschichte vom Fischer Pidder Lyng dazu, der den Eintreiber von Steuern mit dem Kopf im Breitopf oder der Kohlsuppe erstickte … Eine vielfach literarisch verarbeitete Geschichte … „Leewer duad üüs slaaw" soll also zur Standhaftigkeit und zu Tapferkeit aufrufen und zum Bewusstsein von Freiheit. Ganz wichtig ist auch „De nich will dieken, mutt wieken!" – Der nicht will deichen, muss weichen. Es ist ein sehr alter (plattdeutscher) Grundsatz eines sehr alten Deichrechts. Die Pflege der →*Deiche* war Pflicht der Marschbewohner. Sie sicherten damit das Land, das sie bewohnten, gegen das gefährliche Meer. Wer den Deichabschnitt vor seinem Grundstück nicht mehr unterhalten konnte oder wollte, musste sein Land aufgeben. Dazu passt auch „Trutz Blanker Hans!" – Trotze der tobenden Nordsee! Die große Flut ist der Blanke Hans. Es soll bei Errichtung eines neuen Deiches der zornige Ruf eines Deichgrafen gewesen sein.

Gezeiten – Ebbe und Flut

Ebbe und Flut – das ist ein wichtiges Thema auf der Insel. Denn man muss ja wissen, wann man baden, wann im strandnahen Watt entlang der Küste spazieren gehen kann. Auch die →*Wattwanderungen* sind abhängig vom Wasserstand.

Wer Ebbe und Flut über Tage friedlich und ohne Stürme erlebt, das ruhige Auf und Ab als spannenden Wechsel wahrnimmt, der kann sich kaum vorstellen, welche Wucht und Gewalt das leicht auf den Strand rollende Wasser im Ernstfall entfachen kann.

In regelmäßigem Rhythmus von rund sechs Stunden kommen und gehen die Wasser, das Meer steigt und fällt. Die Gravitation des Mondes und der Sonne bestimmen den Wechsel. Die Stellungen von Sonne, Mond und Erde zueinander, die Anziehungskraft von Mond und Erde und die Fliehkraft der Erde – das alles hat seine starken Auswir-

Pfahl mit Hochwassermarken am Hafen in Wyk

Der neue Leuchtturm an der Mole 1 in Wyk ist ein Ersatz für das alte Pegelhaus.

kungen und bewegt das Meerwasser in einem Rhythmus von rund sechs Stunden. Wenn das Wasser abläuft, sprechen wir von Ebbe, wenn es aufläuft, von Flut. Keine Tide gleicht der anderen. Genau 12 Stunden und 25 Minuten liegen zwischen zwei Tidehochwässern. So braucht man also die immer aktuellen Tide- oder Gezeitenkalender, um zwischen Hoch- und Niedrigwasser planen zu können. Wenn man mit den →*Fähren* zu den →*Inseln* und →*Halligen* fährt, kann man den Stand der Gezeiten in den Häfen gut wahrnehmen. In besonderen Konstellationen kann es zu Flutbergen kommen, zu Spring- und Sturmfluten. Unglaublich, welche Wassermengen dann vom Sturm getrieben auflaufen. Es werden Wasserstände erreicht, die viele Meter über dem normalen mittleren Tidehochwasser liegen. Unvorstellbare Wassermengen strömen und peitschen dann vor der Küste gegen das Land, abgebremst nur durch die →*Deiche* und Sperrwerke. Am Föhrer Hafen kann man einen Pfahl mit den Wasserstandsanzeigen vergangener Jahrhunderte ansehen.

Zuweilen können die Fähren wegen des Hochwassers nicht fahren, die Stöpen, die Sicherungstore, werden dann geschlossen, die Häfen sind manches Mal auch über Stunden überflutet – ein anderes Mal wiederum liegen die Fähren fest oder gar für Stunden auf Grund, weil zu wenig Wasser da ist.

Die Stöpen, große Rolltore, können verschlossen werden und dienen so dem Hochwasserschutz von Wyk.

Goting (Guating)

Die Insel Föhr hat eine wunderschöne, sehr interessante Steilküste: 1700 m lang ist das Goting-Kliff, das südlich von Goting liegt, heute ein Ortsteil von →*Nieblum*. Ablagerungen aus den Eiszeiten sind an der fast 10 Meter hohen Steilwand erkennbar – soweit sie nicht unter schützenden Sandvorspülungen verborgen ist. Geröll und Findlinge am Strand lassen nach Sturmtagen immer wieder Fossilien finden. Das schon in der Eisenzeit besiedelte Goting ist ein beliebtes Feriendorf, FKK-Anhänger sind hier am Strand unter sich.

Die Steilküste Goting-Kliff, Gemeinde Nieblum, bietet eine gute Aussicht.

Halligen

Man sieht einige von Föhr aus bei klarem Wetter: Halligen. Weltweit einzigartig! Halligen sind winzig kleine →*Inseln* ohne schützende →*Deiche*, aus dem Watt als kleine Marschinseln herausgewachsen. Als „Schwimmende Träume" hat der Dichter Theodor Storm sie verewigt. Einige kann man besuchen.

Sieben Hektar groß ist die kleinste, die Hallig Habel. 960 Hektar groß ist Langeneß, die größte und längste Hallig mit ihren 18 Warften – wie eine Reihe von Höckern liegen die Häuser vor dem weiten Horizont. Man kann Langeneß von Föhr aus sehen. Die Menschen auf den ungeschützten Landflecken mitten in der zuweilen tobenden See haben ihre Wohn- und Wirtschaftsgebäude, auch ihre →*Kirchen*, auf hohe aufgeschüttete Erdhügel gesetzt, auf die Warften. Dort sind Menschen und Tiere bei normalen Sturmfluten geschützt. „Landunter" heißt es etwa 30 Mal im Jahr, wenn nur noch die Häuser aus den Fluten herausragen. Winzige Punkte im endlosen Wasser. Für Landratten, für Besucher aus dem Süden, ein Erlebnis!

Zehn Halligen sind es im nordfriesischen Wattenmeer. Das winzige **Habel** ist ein Brut- und Rastgebiet für Scharen von Seevögeln. Ein Haus auf einer Warft gibt es dort – für den Vogelwart! Unbewohnt ist das 7,8 ha große Norderoog ganz im Westen, ein Seevögel-Paradies. Dann ist da **Südfall** – 50 ha groß, mitten im sagenumwobenen Rungholt-Gebiet, eine Warft mit einer Vogelschutzstation. Erreichbar mit einer eindrucksvollen Kutschfahrt durchs Watt! **Süderoog** ist nur wenig größer, 60 ha, hat eine Warft, vier Einwohner und in Zugvögelzeiten, im Frühjahr und Herbst, große Scharen von Besuchern: Ringelgänse, Knutts,

Ein Vogelschschwarm auf dem Weg zu Futter- und Rastplätzen

Blick auf die Warften der Hallig Langeneß

Alpenstrandläufer und viele mehr. Mit dem Festland durch einen Damm verbunden ist die **Hamburger Hallig**. Man kann einkehren im Halligkrog und das sehenswerte Vogelschutzgebiet zu Fuß oder mit dem Rad von der Küste aus besuchen. Es ist ein beliebtes Ausflugsziel! Eine Besonderheit in der Halligwelt ist **Nordstrandischmoor**. Diese Hallig ist ein Rest eines alten Hochmoores, das einmal zu der schon im 17. Jh. zerstörten Insel Strand gehört hat. Das nach vielen Abbrüchen nun 179 ha große Nordstrandischmoor – mit nur 18 Einwohnern, aber einer Halligschule und einer Gaststätte! – erreicht man durchs Watt oder über den Lorendamm vom noch relativ jungen Beltringharder Koog aus. Die Hallig **Gröde** ist eine der kleinsten Gemeinden Deutschlands. Gröde-Appelland, aus zwei Halligen zusammengewachsen, hat nun 277 ha Fläche, aber nur zwei Warften. Doch es gibt eine denkmalgeschützte Kirche mit einem wunderschönen Altar aus dem Jahr 1592. Als Königin der Halligen gilt **Hooge**, mit 578 ha die zweitgrößte und von Touristen – vor allem Tagesausflüglern – am meisten besuchte. Viele Betten stehen für Halligurlauber bereit. Vor langer Zeit hat hier einmal der dänische König Friedrich VI. übernachtet, vom Sturm überrascht und daher auf der Hallig

„gefangen“! So gibt es noch heute den „Königspesel“ zu sehen, museale Sammlungsstücke, ein Sturmflutkino und vieles mehr. Auch eine beeindruckende Saalkirche aus dem 17. Jahrhundert. Als Schlusslicht in der Halligreihe folgt die größte: das langgestreckte **Langeneß**, knapp 1000 ha groß, mit seinen 18 Warften und der zugehörigen, durch einen Lorendamm verbundenen Hallig Oland. Auf **Olands** einziger Warft stehen schmucke Häuser, auch ein Halligkrog, ein reetgedeckter Leuchtturm und eine ganz kleine Kirche.

Halligen sind immer Reste des Festlandes oder einstiger Inseln, die in Sturmfluten freigerissen wurden, oder aufgeschwemmte Erdflecken. Sie übernehmen eine Schutzfunktion für die Festlandsdeiche, denn sie sind Wellenbrecher in der See. Nur wenige Menschen bewohnen die Halligen – aber das sind mutige, standfeste Friesen, die von Landwirtschaft, →*Küstenschutz* und Tourismus leben. Sie sind das harte Dasein und den Kampf um ihre Existenz gewohnt. Wer Muße sucht und ganz viel Ruhe in einer beeindruckenden Natur, wer in den großen Zugvögelzeiten die Vogelscharen beobachten mag und nur die Natur zur Unterhaltung braucht, der passt hierhin. Er ist schnell mit der Fähre oder Lore in einer faszinierenden Welt.

Hedehusum (Hedehüsem)

Viel Heidefläche wächst um den kleinen Ort Hedehusum herum, der zur nordwestlicher gelegenen Gemeinde →*Utersum* gehört. Frühzeitliche Grabhügel in der Umgebung bezeugen alte Siedlungsgeschichte. Etwas Einmaliges aus der Geschichte: Vor Hedehusum wurde vom Mittelalter an Seetorf geerntet, aus dem das Friesische Salz gewonnen wurde. Das ist eine spannende, unglaubliche Geschichte (→*Salz*).

Grabhügel aus der Bronzezeit (1800–500 v. Chr.)

Inseln

Jede der nordfriesischen Inseln, zu denen sprachlich und kulturell auch die Hochseeinsel **Helgoland** gehört, ist eine Welt für sich. Keine gleicht der anderen. Es ist spannend, sie kennenzulernen! →*Fähren* und Ausflugsschiffe machen Besuche möglich. Nach Amrum gibt es →*Wattwanderungen* von Föhr aus.

Föhr liegt im Schutz von Sylt und Amrum und ist völlig anders als die beiden anderen Inseln. **Sylt** ist die größte, die schönste – so sagen ihre Liebhaber. Ein 11 km fester (Hindenburg-)Damm verbindet die „Königin" im Wattenmeer mit dem Festland, der Nordseeküste. In allem ist Sylt groß und auffallend. 21 500 Einwohner leben auf der 38,5 km langen und 12 km bis nur 500 m breiten Insel. Einer Insel mit traumhaften Stränden und Dünen und Kliffen, mit Wäldchen und Watt, einer Stadt und einer Handvoll schmucker Gemeinden. Langeweile kann nicht aufkommen – es ist immer viel los.

In Sichtweite von Sylt, dem offenen Meer zugewandt, liegt das bezaubernde **Amrum** – für Naturfreunde die schönere der Schönen. Nur 2300 Insula-

Die Amrum-Odde ist von Utersum aus gut zu sehen.

ner leben in den fünf Orten der 20 km^2 großen Insel, aber viele, viele Urlauber kommen das ganze Jahr hindurch. Die 1,5 km breite und etwa 15 km lange Sandbank „Kniepsand" und die 700 ha große Dünenlandschaft mit bis zu 32 m hohen „Sandbergen" locken. Auf Amrum gibt es ausgedehnte Heideflächen, Kiefern- und Fichtenwäldchen, Wiesen, Buchten und viel Watt.

Und dann gibt es noch südlicher das etwa 50 ha große **Nordstrand**, durch einen 4 km langen Damm mit dem Festland verbunden und durch einen Seedeich geschützt. Durch den in jüngster Zeit erschlossenen Beltringharder Koog ist Nordstrand zu einer Halbinsel geworden. Es ist ein Rest der einstigen Insel Strand, die 1634 bei der großen Sturmflut zerrissen wurde. Nordstrand mit seinen 2250 Einwohnern ist, wie Föhr, eine grüne Bauerninsel, die vom Tourismus lebt. Ein beliebtes Ausflugsziel und zugleich Ausgangspunkt für Ausflüge in die Halligwelt im Wattenmeer.

Überdurchschnittlich viel Sonnenschein erlebt man auf der 37 km^2 kleinen Insel **Pellworm**, die von einem 28 km langen Seedeich umgeben ist – ideal für Rad- und Wandertouren. Die Insel, die man mit der Fähre von Nordstrand aus erreicht, hat mehr Gästebetten (rund 2000) als Einwohner (knapp 1200) – es ist eine sehr beliebte, beschauliche Ferieninsel.

Inselbote

Der Insel-Bote – das ist die Tageszeitung der →*Inseln* Föhr und Amrum. Sie wird vom Schleswig-Holsteinischen Zeitungsverlag herausgegeben, der mit 22 Tageszeitungen der an Auflagen stärkste Verlag des Landes ist. Das identische Mantelblatt erscheint jeweils mit lokalen Seiten. Auf Föhr besteht eine eigene Insel-Redaktion. Zuweilen werden auch plattdeutsche und inselfriesische Texte veröffentlicht. Bereits 1880 erschien der erste Insel-Bote, zuvor hatte es schon seit 1870 eine andere Tageszeitung auf Föhr gegeben. Interessant ist das Zeitungshaus in der Großen Straße 16 in →*Wyk*, weil es schon 1885 von dem damaligen Verleger gekauft wurde. Das Zeitungshaus bot 1844 dem dänischen Märchendichter H. C. Andersen Logis, als er vom 29. August bis zum 9. September der Einladung des dänischen Königs Christian VIII. nach Föhr folgte (→*Prominenz*). Eine Gedenktafel berichtet davon.

Julbogen

Längst gehört der Julbogen auf der Insel zu Weihnachten. Julbuum oder Kenkenbuum heißt das Föhrer Weihnachtsgestell auf Fering, dem Inselfriesisch. Dabei steht das Wort Jul wie in skandinavischen Ländern für Weihnachten – wir kennen es ja vom Julbock oder Julklapp. Auch auf dem Festland zwischen Nord- und Ostsee kannte man das Wort Julen für Treffen und Feste in den Weihnachtstagen. Kenken ist das friesische Wort für das Christuskind = Christkind, das Kinneken = kleines Kind. Auf Föhr brachte es auch Geschenke. Die Weihnachtstage auf der Insel haben natürlich auch viele Traditionen. Das sichtbarste, inseltypische ist der Julbaum. Er wurde wohl im 19. Jh. erfunden, denn Tannenbäume gab es lange nicht auf den →*Inseln*. Seit den 1980er Jahren ist das dekorativ ausgeschmückte Gestell zunehmend beliebt bei den Föhrern und wird auch gerne mitgenommen von den Gästen. Aller Schmuck des Julbuums hat eine alte brauchtümliche Bedeutung. Ganz besonders beliebt ist das weiße Gestaltengebäck mit den roten Rändern. Ein Bäcker auf Föhr backt die traditionellen Figuren ab Herbst – Adam und Eva mit dem Baum und der Schlange, Kuh, Schwein, Hahn und Fisch, und die Mühle. Früher bemalten und aßen die Kinder sie – aber eigentlich sind sie zum Essen viel zu schade!

Kirchen

Sie gehören zu dem Schönsten, was die Insel Föhr zu zeigen hat: die drei großen Kirchen in →*Nieblum*, →*Süderende* und →*Boldixum*. Der Volksmund spricht gern vom „Friesendom" in Nieblum. Aber einen Dom hat das Eiland mitten im Meer nie gehabt.
Die Kirchen sind die Wahrzeichen

Taufstein aus Granit in der St.-Johannis-Kirche

Föhrs. Wo man auch ist, einen der stattlichen Türme von St. Johannis, St. Laurentii oder St. Nicolai kann man immer wegweisend erkennen.
Zur ersten Jahrtausendwende, so glaubt man, gelang es, die Nordfriesen zu christianisieren und erste Kirchen beim heutigen Nieblum und bei →*Süderende* zu errichten. Die Nieblumer **St.-Johannis-Kirch**e wird erstmals 1240 erwähnt, bei Grabungen sind Reste des romanischen Vorgängerbaus gefunden worden. St. Johannis ist im Mittelalter wohl die Hauptpfarrkirche der →*Inseln* Amrum und Föhr gewesen, das erklärt ihre Größe und ihre reiche Ausstattung. Beeindruckend der Granittaufstein aus dem 12. Jahrhundert, der Flügelaltar mit der Marienkrönung in der Mitte und vielen Apostelfiguren, die überlebensgroße holzgeschnitzte Figur Johannes des Täufers aus dem 15. Jh., der auf dem liegenden Herodes steht. Die Renaissance-Kanzel von 1618 zeigt in acht Feldern biblische Szenen mit niederdeutschen Bibelsprüchen und Inschriften. Auf dem Friedhof sind viele interessante →*Redende Steine* zu sehen.
Weit außerhalb der dazugehörenden Dörfer hat die **St.-Laurentii-Kirche** in

Süderende ihren Platz, in vorchristlicher Zeit befand sich ganz in der Nähe ein heiliger Ort, noch heute sieht man Reste der Grabanlage Monklembergem (ca. 900 n. Chr.), zu der wohl auch eine Kultstätte gehört hat. Zwischen 1150 und 1200 wurde ein erster romanischer Kirchenbau aus Granitquadern ausgeführt. Immer wieder wurde die Kirche erweitert und ausgebaut. Das älteste Ausstattungsstück ist die romanische Taufe aus zwei Granitquadern. Der dreiteilige gotische Schnitzaltar (ca. 1430) zeigt eine Marienkrönung, beidseitig von Aposteln und Heiligen eingerahmt. Ganz rechts der heilige Laurentius, der Namenspatron der Kirche. Die Spätrenaissance-Kanzel mit ihrem schlichten Korb hat einen kunstvoll geschnitzten fünfseitigen Schalldeckel. Der Kirchhof zeigt eine große Zahl der alten „redenden" Grabsteine, auch den des „Glücklichen Matthias".

Die **St.-Nicolai-Kirche** liegt an der Grenze von Boldixum, für das sie ursprünglich gebaut worden war. →*Wyk*

Das beeindruckende Kirchenschiff der St.-Laurentii-Kirche in Süderende

Nächste Doppelseite: Die St.-Johannis-Kirche in Nieblum

Schnitzaltar von Johannes Schnitger in der St-Nicolai-Kirche mit Szenen aus dem Leben Jesu

gab es noch nicht. Dennoch wurde St. Nicolai zur Kirche des Inselstädtchens. Um 1240 soll St. Nicolai erbaut worden und immer wieder erweitert worden sein. Von besonderem Wert ist die Figur des Bischofs St. Nicolaus, des Namenspatrons. Um 1300 ist sie aus Eichenholz geschnitzt worden. Die gotländische Kalksandstein-Taufe, die Kanzel mit ihrem reich verzierten Deckel aus dem Jahr 1630 und der Schnitzaltar von 1643 sind sehenswert. Auch auf dem Boldixumer Friedhof stehen viele ganz besonders interessante „redende“ Grabsteine.

Zur Kirchengeschichte der Insel sollte man wissen, dass die Reformation in Nordfriesland relativ früh kam – auf Föhr und Amrum arbeiteten schon 1522 Luther-Schüler. Nach der großen Flut von 1634 aber setzte eine neue Katholisierung ein. Und als man für den nun nötigen Deichbau Holländer und Flamen auf die Insel holte, gab es neue Einflüsse auf die Glaubensstruktur. Verschiedene Religionsgemeinschaften haben so Fuß gefasst. Bis heute.

Holzplastik des Bischofs St. Nicolaus aus der Zeit um 1300

Kirchhöfe – die „redenden Grabsteine"

„Zu Niblum will ich begraben sein, am Saum zwischen Marsch und Geest ..." Das Gedicht von Christian Morgenstern geht so manchem durch den Sinn, wenn er auf dem beeindruckenden Kirchhof von St. Johannis herumwandert.

Die Friedhöfe der drei Inselkirchen sind bedeutende Sehenswürdigkeiten. Hunderte von Grabstelen gibt es hier zu sehen, einzigartige Meisterwerke alter Steinmetze und Grabmalskunst. Nur noch auf der Nachbarinsel

Die historischen Grabsteine erzählen viel über die hier begrabenen Familien.

Amrum und auf der dänischen Insel Röm gibt es Steine dieser Art. Alle diese „redenden Steine" sind ungewöhnliche Zeugnisse einer fernen Vergangenheit und zugleich von großer familiengeschichtlicher Bedeutung. Durch die langen Texte auf den Stelen erfährt man von vielerlei Lebenswegen der Vorfahren. Eine volkstümliche

Steinmetzkunst ist zu sehen. In meisterlicher Schrift und symbolträchtiger Bildersprache haben die einheimischen Steinhauer handwerklich und künstlerisch hervorragend den Wesersandstein, der auf dem Seeweg als Beilast zu den →*Inseln* kam, zu Stelen verarbeitet. Das früheste Beispiel stammt aus dem Jahr 1707. Man liest die Geschichte der Familien, der Berufe, sieht allegorische Darstellungen und viel Symbolhaftigkeit. Auffallend und schön sind die Schiffsdarstellungen, die mit ihren vielen Typen fast 300 Jahre Schifffahrtsgeschichte schreiben. In der Bekrönung der Stelen sieht man zuweilen ganze Familien aufgereiht. Häufig werden sie aber durch den „Familienbaum" oder den „Familienstrauß" dargestellt, durch Blüten verschiedener Art. Die großen stehen für die Eltern, die kleinen für die Kinder, Vater und Söhne oft links als Tulpen oder Glockenblumen, Mutter und Töchter rechts als Sternblumen oder Rosen. Die Toten, groß oder klein, erkennt man an den abgeknickten Blütenstängeln.

Nächste Doppelseite: Reich gestaltete Grabsteine auf dem Friedhof von St. Johannis in Nieblum

Hier ruhen die gebeine der sel. Frau
Tiesel Tiemens aus Nieblum, welche
Ao 1743 den 23ten Octbr. in Alkersum
gebohren. Ihr Vater ist gewesen Dreß
Andresen und die Mutter Junger Ehlen
Dreßen Ao 1765 den 22ten Novbr. ist sie in
den heil. Ehestand getreten mit dem damaligen
Commandeur Simon Tucks aus

Oft sieht man ganze Familien aufgereiht in der Bekrönung der Grabsteine.

Die meisten Steine sind im Hochdeutsch der Zeit verfasst, nur wenige in Niederdeutsch. Hier und da taucht ein lateinischer Text auf. Der berühmteste Grabstein der Insel ist wohl der des „Glücklichen Matthias", des großen Walfängers Matthias Petersen aus →*Oldsum*, der laut Text „durch unglaubliches Glück 373 Walfische gefangen hat ..." Der großartige Grabstein mit dem lateinischen Text und dem Ornament des Walfängers, einer anmutigen Fortuna über einem schwimmenden Wal, steht in Süderende. Die „redenden Grabsteine" auf Föhr lohnen, dass man ihnen „zuhört". Sie sind nicht nur Kunstwerke, sondern vor allem Dokumente der Denk- und Sinnesart der alten Friesen, Zeugen ihrer Glaubensstärke und ihrer Zuversicht. Beispielhaft der „Glückliche Matthias": „Ruhig im Tode ist der, welcher weiß, dass er aus dem Tode wieder erstehen wird; Tod kann dies nicht genannt werden, sondern ein neues Leben."

Klima

Wind um die Ohren hat man eigentlich immer auf Föhr und der sogenannte „Friesennerz“ sollte – außer an heißen Sommertagen – immer greifbar sein. Auch der Pullover zum Unter- oder Überziehen. Auf Föhr lernt man schnell, was wechselhaftes Wetter ist. Wetter-Apps können da eine richtig gute Hilfe sein!

Das Wichtigste aber: Die Luft ist sagenhaft sauber und klar, fast frei von Schadstoffen und Substanzen, die Allergien auslösen. Hier kann man frei durchatmen und einen klaren Kopf bekommen. Nicht ohne Grund ist Föhr schon seit dem ausgehenden 19. Jh. eine heilklimatische Insel für Gesundheitsurlauber, Aktivurlauber, Naturliebhaber und Erholungsuchende. Viele Kinderheime und Kurbetriebe werden auf der Insel von Alt und Jung besucht, die in der herrlichen Nordseeluft gesunden wollen. Auf Föhr, das im Schatten von Amrum und Sylt liegt, herrscht ein Seeklima, das vom Golfstrom bestimmt wird. Die geschützte Lage macht die Winde und auch die Fluten milder als vor den Nachbarinseln. Zu allen Jahreszeiten

erholt man sich in der meist feuchten Luft wunderbar. Ganz sicher: Es gibt keine Sonnengarantie. Für keinen einzigen Monat. Aber es gibt sonnenreiche Sommer, in denen Luft und Wasser durchschnittlich 20 Grad am Tag haben. Als beste Reisezeiten gelten Juni bis August. Doch schon über Ostern und Pfingsten und im frühen Herbst kann es milde und zauberhaft auf der Insel sein. Wer ruppiges →*Klima* mag, der kommt auch, wenn es kalt und stürmisch ist. Der lapidare Spruch „Es gibt kein schlechtes Wetter, sondern nur schlechte Kleidung" gilt auf Föhr immer. Ohnehin wirkt das Meerwasser kräftigend; indem es versprüht, befördert es Aerosole auf die Haut und in die Atemwege, das Wohlbefinden steigt. Das Nordseeklima tut einfach gut!

1882/83 erbautes Seehospiz, das heute als Hamburger Kinder- und Jugendhaus in Wyk Erholung bietet

Klintum (Klantem)

Wer auf Föhr vom Langdorf spricht, der meint die Gemeinde →*Oldsum* mit den Ortsteilen →*Toftum* und Klintum. Inselbewohner lieben und bewahren die alten Namen! Die Klintumer Häuser stehen auf der kleinen Anhöhe im östlichen Oldsum, beim Abhang. Daher der Ortsname Klintum = bei der Kante, beim Kliff.

Küstenschutz

Wie in ganz Nordfriesland ist auch auf Föhr ein Schutz der Küsten notwendig gegen die stürmischen und zerstörerischen Angriffe der Nordsee. Sturmfluten fressen immer wieder Land. Deshalb sind etwa drei Viertel der Föhrer Küsten durch Deiche (→*Deiche und Dünen*) geschützt. Dort, wo die Geest direkt ans Meer grenzt, auch am Gotinger Kliff und vor den Utersumer Dünen, gibt es keine Deiche. Küstenschutz wird auch durch Buhnen (wie bei →*Utersum*) und durch umfangreiche, jährlich wiederkehrende Sandaufspülungen erreicht. Vor→*Wyk* schützt eine Betonmauer die dahinterliegenden

An den unbefestigten Küsten tragen die Sturmfluten immer wieder Land ab. In Wyk schützt eine Betonmauer mit vorgelagerten Steinen die Promenade.

Häuser, in Utersum vor dem Kurheim ist zur Sicherheit eine Steindecke angelegt worden. Es gibt einen Landesbetrieb Küstenschutz und einen lang befristeten Fachplan Küstenschutz für Föhr.

Landgewinnung

Man muss sich einmal die alten Landkarten anschauen, die vor Jahrhunderten, vor den großen Sturmfluten, gezeichnet wurden. Und dann jüngere und aktuelle Karten. Auf den ersten Blick ist zu erkennen, dass sich die Nordseeküste immer wieder verändert hat. Jede Sturmflut hat Land weggerissen, besonders die frühen Mandränken. Auch die Insel Föhr ist so geformt worden. Dann erkennt man auch, dass große neue Flächen entstanden sind. Gewissermaßen angewachsen. Denn das Meer bringt mit jeder Flut auch Sand und Schlick mit sich, feinsten Schlamm mit allerlei Meeresgetier und Seetang. In Jahrtausenden sind so entlang der Meeresküste und in den Flussmündungen ganze Marschen aufgelandet worden. Irgendwann gelang es den Menschen, die Landgewinnung durch gezielte Aufschlickung selbst zu steuern. Lahnungsfelder werden im Küstenvorland angelegt, Reihen von eingerammten Holzpfählen, die mit Zweigen und Reisigbündeln ausgefüllt werden. Darin setzen sich die Schlammteilchen fest. So wachsen mit

der Zeit neue Marschen. Pflanzen siedeln sich an, es entstehen Salzwiesen und irgendwann kann ein Deich gezogen werden. Das neue Land ist ein neuer Koog. Insgesamt gibt es an der Schleswig-Holsteinischen Westküste und der Elbe 171 Köge, die alle besiedelt sind und landwirtschaftlich genutzt werden. Nur der Hauke-Haien-Koog mit seinem Speicherbecken ist ein Schutzgebiet für Seevögel und der Beltringharder Koog ein Salzwasserbiotop. Flächen, die dem →*Küstenschutz* dienen und vor allem ein Para-

Ein Lahnungsfeld mit Reihen von eingerammten Holzpfählen führt zur Landgewinnung.

dies für die Zugvogelscharen sind, die hier Station machen.

Landschaft

Die Insel Föhr, die vor Urzeiten zum Nordsee-Küstenland gehörte, ist ein Teil vom Festland. Eine fast runde Insel, auf der man eine ganz vielseitige Landschaft findet. Marsch und Geest, Wiesen und Salzwiesen direkt am Küstensaum, viel Wasser rundherum, aber auch endlos weites Watt bei Ebbe. Vor allem aber gibt es herrliche, ganz unterschiedliche Sandstrände. 15 km insgesamt. Dünenkämme begrenzen sie, oder →*Deiche*. Es gibt ein kleines Kliff und sogar Heideflächen und kleine Wäldchen. Was es nicht gibt, das sind Berge, versteht sich … Föhr ist eine Insel für Radfahrer und Wanderer, bei Wind und Wetter, ein Draußen-Land.

Lembecksburg

Stellt man sich so eine Burg vor? Die Lembecksburg ist ein großer Ringwall am Ausgang von →*Borgsum*, mitten in der Marsch. Sie ist ein schönes Ausflugsziel für Wanderer wie Radfahrer und ein beliebtes Motiv für Fotografen. Die 10 m hohe Ringanlage mit ihrem Innendurchmesser von etwa 100 Metern ist aber viel mehr. Sie ist wohl sagenumwoben – aber durch Archäologen auch entschlüsselt als ein Bau aus der Wikingerzeit! Reste von Häusern mit Herdstellen aus dem 9./10. Jh. und viel später sind im Wall gefunden worden, wohl die Wohnstätten der sogenannten Wogemannen, einem Nordmänner-Geschlecht, das im Streit lag mit dem damals herrschenden dänischen König. In der Mitte des Ringwalls soll ein Brunnen gelegen haben, am Ausgang zur Marsch ein schiffbarer Priel.

Man erzählt sich auf der Insel: Der holsteinische Ritter Klaus Lembeck (auch: Klaas Lembecke), 1362 durch den dänischen König mit den →*Inseln* Föhr, Sylt und Amrum belehnt, war bei den Föhrern wegen seiner Härte unbeliebt. Seine Leute waren Seeräuber.

Die Burg vor Borgsum war für ihn und seine Leute ein sicherer Ort, auch vor dem dänischen König, der Steuern bei Lembeck eintreiben wollte. Ohne Erfolg, der Ritter wehrte sich. Daraufhin wurde die Burg von dänischen Soldaten belagert, um den störrischen „Burgherrn“ auszuhungern. Als in der Burg alle Vorräte verzehrt waren,

Den 10 m hohen Ringwall der Lembecksburg findet man am Geestrand bei Borgsum.

führte Lembeck Tag um Tag die letzte, abgemagerte Kuh oben auf dem Ringwall herum, stets mit immer andersfarbigen Fellen behängt. Der König sollte glauben, man habe in der Burg noch reichlich zu essen. Als die Dänen endlich die Burg mit Gewalt stürmten, war der Ritter bei Nacht und Nebel im Sturm über einen Priel aufs Meer hinaus entschwunden. So erzählt man sich. So mancher Dichter hat spannende Geschichten daraus gemacht. Zumal „man" sich immer noch erzählt, dass Lembecks Gold und Geschmeide in irgendeinem Brunnen der Burg versenkt sein könnten …

Das Leuchtfeuer Olhörn in Wyk dient als Quermarkenfeuer für das Fahrwasser zwischen Dagebüll, Amrum und Föhr.

Leuchttürme

Die Schifffahrt braucht Leuchtfeuer oder Leuchttürme zur Orientierung, auch Landmarken und andere Navigationshilfen. Denn das Meer ist grundsätzlich gefährlich mit seinen Untiefen und den Sand- und Schlickbänken. Das Wetter ist ja auch nicht immer friedlich. Also hatte man von frühauf außer Mond und Sternen am Himmel auch auf dem Land Orientierungshilfen. Leuchttürme gehören daher zur Küste, sie weisen mit ihren Strahlen den Schiffen den Weg. Entlang der Nordseeküste stehen gut zwei Dutzend Leuchttürme. Jedes Leuchtfeuer hat eine spezielle Kennung, und außerdem gibt es immer auch Peilpunkte. Das gilt auch für Föhr. 1842 wurde auf der Insel im Südosten der erste Leuchtturm der schleswig-holsteinischen Westküste gebaut. Es gibt ihn nicht mehr. Das rotbraun geziegelte Leuchtfeuer Olhörn in →*Wyk* ersetzt ihn seit 1953. Etwa 10 Meter ist das viereckige Gebäude hoch, es steht auf einem Geest-

Der kleine Leuchtturm in Nieblum steht hinter dem Deich.

rücken über dem Südstrand von Wyk und hat eine – allerdings nicht für Gäste – begehbare Plattform. Seit 1983 gibt es außerdem bei →*Nieblum* das Leitfeuer Kedewin.

Fotografen lieben Leuchttürme – in der Regel sind sie ja schlanke runde hohe Türme, meist rot-weiß geringelt. Auf Föhr ist auch das anders …

Midlum (Madlem)

Mitten auf Föhr, auf einem Geestrücken am Rande der weiten Marsch, liegt Midlum, eine sehr lebendige Inselgemeinde. Inselfamilien leben hier gerne, denn Midlum hat wunderschöne →*Friesenhäuser*, eine sehr gute Dorfstruktur und sogar eine Schule. Auch immer noch landwirtschaftliche Betriebe und eine traditionsreiche große Gastwirtschaft. Schnell ist man in der wunderschönen Marsch. Es ist auch ein toller Ausgangspunkt für Ausflüge mit dem Fahrrad, bis zum Deich!

Mühlen

Sind es nicht die Kirchtürme, so sind es Mühlenflügel, die uns auf Föhr den Weg weisen. Schon von See her sind sie als Markierungspunkte zu erkennen. Wunderschöne Fotomotive!
Schon im 15. Jh. drehten sich in →*Wrixum* die ersten Windmühlenflügel auf Föhr – eine Bockwindmühle zum Mahlen von Getreide. Mit den Jahrhunderten waren es immer mehr, Dutzende, auf der ganzen Insel – aber immer wieder brannten die Mühlen ab. Heute stehen noch fünf Mühlen auf Föhr – die älteste ist die Bockwindmühle im Dr.-Carl-Häberlin-Friesen-Museum (→*Museen*) aus dem 15. Jh., die von der Hallig Langeneß umgesetzt wurde. Auch in →*Wyk* steht die Windmühle Venti Amica aus dem Jahr 1879, die lange das Zuhause der Föhrer Dichterin Stine Andresen war. Heute ist sie eine Wohnmühle. Eine private Mühle ist heute auch der Oldsumer Galerie-Holländer von 1901 – nach der Renovierung ein besonders schmuckes Fotomotiv! Ganz neu und dennoch im überlieferten Stil gebaut ist die Borgsumer Mühle. Der Galerie-Holländer ist 1991 dort errichtet worden, wo von 1744 bis 1876 eine Bockmühle im Besitz der alten Föhrer Familie Paulsen gestanden und gear-

Bockmühle im Dr.-Carl-Haberlein-Friesen-Museum

Die Windmühle Venti Amica in Wyk wird zum Wohnen genutzt.

beitet hatte. Ein Schmuckstück für das kleine Inseldorf! Die eigentlich älteste der noch bestehenden Föhrer Holländermühlen ist die Wrixumer Mühle, die schon 1464 urkundlich erwähnt wurde. Nach vielen Bränden und Zerstörungen wurde der Wrixumer Erdholländer 1851 wiederaufgebaut. Der achteckige Innenraum dient seit 1971 als Restaurant. Mit einem spannenden Mühlen-Museum. Ein Mühlenverein plant nun die Instandsetzung des

Die Holländermühle in Wrixum diente lange als Restaurant.

Galerie-Holländer-Mühle in Oldsum

Wahrzeichens von Wrixum, es gibt große Pläne für die künftige Nutzung der alten Mühle.

Die Zeiten der alten Windmühlen sind vorüber, ihre Flügel nur noch Schmuck, ihre Abbilder Motive auf Fotos und holländischen Fliesenbildern ein Stück dokumentierte Vergangenheit. Aber die großen modernen Windkraftanlagen in der Wyker Marsch setzen Zeichen einer neuen Zeit.

Muscheln

Miesmuscheln sind typisch für Föhr. Kenner essen sie mit Begeisterung. Kein Wunder, denn sie werden frisch gefischt im Wattenmeer zwischen Föhr und Sylt. (→*Essen und Trinken*) Auf Kulturflächen wachsen die Schalentiere heran, bevor sie „geerntet“ werden. Die 170 ha große Fläche für die Muschelzucht ist nach langen Auseinandersetzungen mit Naturschützern in öffentlich-rechtlichen Verträgen mit dem Land Schleswig-Holstein festgelegt worden. Denn die intensive Muschelkulturwirtschaft ist nur schwer mit den Zielen des Nationalparks vereinbar. Und die Reduktion der natürlichen Muschelbänke durch

Föhrer Miesmuscheln werden auf Kulturflächen geerntet.

die intensive Bewirtschaftung, also das Fischen mit Schleppnetzen von der Bodenoberfläche, lässt sich ökologisch schwer verantworten. Aber bereits seit den 1980er Jahren haben sich die

Züchter der jetzigen Föhrer Muscheln ausschließlich der Zucht und Pflege von Miesmuscheln verschrieben. Sie halten sich, sagen sie, an alle Regeln. Und sie werben damit, „dass die Föhrer Muscheln so frisch, würzig und so gesund wie ein Urlaub an der Nordsee sind“. Übrigens sind Muscheln auch eine gesunde Kost, sie enthalten wichtige Mineralstoffe und Spurenelemente und haben kaum Kalorien. Sie sind leicht zuzubereiten – und einfach köstlich.

Museen

Föhr schätzt sich überglücklich: Zwei herausragende Museen sind Highlights im Inselleben. Für die Insulaner ebenso wie für Gäste. Das Museum Kunst der Westküste in →*Alkersum* und das sogenannte Friesen-Museum in →*Wyk*, das Dr.-Carl-Häberlin-Friesen-Museum.
Kunstkenner sind begeistert. Sie kommen von weit her, um mitten im Meer, mitten auf Föhr, in dem 500-Seelen-Dorf Alkersum, eine Kunstsammlung und Ausstellungen von internationaler Qualität zu sehen: Das **Museum Kunst der Westküste** ist eine große Attraktion mit seiner umfangreichen Sammlung von Malerei der vier Nordseeanrainerstaaten Norwegen, Dänemark, Deutschland und Niederlande aus dem Zeitraum von 1830 bis 1930.

Das Museum Kunst der Westküste ist aufgrund der umfangreichen Sammlung zum Thema „Meer und Küste" überregional bekannt.

2009 wurde der imposante Neubau des weltweit arbeitenden Architekten Gregor Sunder-Plassmann aus Kappeln im Zentrum des schönen friesischen Dorfes eröffnet. Ein beeindruckendes Ensemble aus sechs ganz unterschiedlichen, die inseltypischen Haustypen zitierenden Bauten gruppiert sich um einen behaglichen Innenhof. Auch der alte Dorfgasthof wurde historisierend neu errichtet. „Grethjens Gasthof" erinnert an die legendäre Wirtin Grethjen Hayen, die im 19. Jh. hier in Alkersum einen sozialen und künstlerischen Treffpunkt schuf. Immer wieder beherbergte sie dänische und deutsche Künstler, auch Insulaner waren ihre Gäste – wie beispielsweise der „Föhrer Maler" Otto H. Engel.

Der Stifter des Kunstmuseums, der schwedische Pharmaunternehmer Frederik Paulsen jun., schuf im Lebensort seiner Föhrer Vorfahren ein Ausstellungshaus auch für seine eigene hochkarätige Sammlung von rund 700 Kunstwerken – alle stellen sich dem faszinierenden Generalthema „Meer und Küste" und stammen aus einer Zeit, als Künstler zunehmend plein air arbeiteten, mit dem direkten Eindruck der Natur. Bedeutende skandinavische Künstler sind vertreten, u. a. die Norweger Johan Christian Dahl, Edvard Munch, die Skagenmaler Peder Severin Kroyer und Christian Krohg. Das Museum hat den größten Bestand an Bildern der Skagener Künstlerkolonie um 1900 außerhalb von Dänemark.

Carl Ludwig Jessen, „Ein Hochszeitsmorgen auf Föhr", Sammlung Museum Kunst der Westküste

Große Werke der Norddeutschen Hans Peter Feddersen, Max Beckmann, Erich Heckel und Emil Nolde werden gezeigt. Auch ganz besonders der deutsche Impressionist Max Liebermann. Und der „Maler von Föhr", Otto H. Engel. Viele Gegenwartskünster werden ausgestellt – wie Jochen Hein, Gerhard Richter, Volker Tiemann und andere. Auch großartige internationale zeitgenössische Fotografie.

In Wechselausstellungen zu jährlich wechselnden Themen aus dem Bestand wird hoch qualifizierte internationale Gegenwartskunst in einen Diskurs gebracht.
Im Übrigen ist das Museum Kunst der Westküste ein familienfreundliches Haus, das Programme und Projekte für Jung und Alt und für alle gesellschaftlichen Gruppen anbietet.
In →*Wyk* lädt das **Friesen-Museu**m ein zu einem Gang durch die Inselgeschichte. Das mächtige übermannsgroße Tor aus Blauwal-Unterkieferknochen ist das Erste, was auffällt, die gepflegte Beschaulichkeit des Parks und der reetgedeckten historischen Häuser, die kleine Mühle und die Steinsärge locken zu näherem Hinsehen. Das 10 000 qm große Gelände des Dr.-Carl-Häberlin-Friesen-Museums fasziniert durch die Vielfalt seiner Sammlungen. Die kulturgeschichtlichen Sammlungen im Haupthaus zu allen Themenbereichen der insularen Vergangenheit machen die Inselgeschichte wirklich erlebbar. Auf dem Museumsgelände steht auch das älteste erhaltene Haus der Insel. In dem original eingerichteten Haus „Olesen" aus dem Jahr 1617 kann man sich

Erlebbare Wohnkultur im Haus Olesen, Friesen-Museum

durchaus das Wohnen und Wirtschaften der alten, entbehrungsreichen Zeiten vorstellen. Auch eine gut restaurierte landwirtschaftliche Scheune aus dem Dorf →*Midlum* und eine der für die →*Inseln* und →*Halligen* einst typischen Bockwindmühlen gehören zum Museum. Vom Steinsarg bis zur Salzbude, von der Trankocherei und Tranfunzel bis zur Tourismusgeschichte, von Kenknern und Hulken und dem Rummelpott bis zum Dokumentarfilm über den Fischgarten, die →*Vogelko-*

jen und das →*Ringreiten* – es ist alles Insulare dokumentiert und für den Interessierten aufbereitet. Von der Vor- und Frühgeschichte mit ihren vielen Funden bis zur Gegenwart. Auch die Geschichte der Auswanderer, der „Amerikaners", und alles Wissenswerte über Fauna und Flora der Insel- und Halligwelt sind zu sehen. Große Freude macht es, die vielen alten Föhrer Trachten mit dem reichen Silberschmuck in allen Variationen der Zeiten anzuschauen – einige dieser alten Trachtenstücke werden ja heute noch

Küchenutensilien im Haus Olesen, Friesen-Museum

Reicher Silberschmuck einer Föhrer Tracht

getragen (→*Tracht- und Friesenschmuck*). Das Friesen-Museum ist wie ein Geschichtsbuch der Insel, ein kulturelles Wahrzeichen.

Spannend ist die Entstehungsgeschichte. Es begann eigentlich damit, dass im 19. Jh. ein Run auf altes Mobiliar und Hausrat aus den →*Friesenhäusern* aufkam.

Reiche Hamburger und Engländer reisten herum und kauften alles auf, was alt war. Sie schlugen sogar Fliesenwände ab. Die Nachfrage auf den Festländern war groß. Einige Föhrer Lehrer und Heimatfreunde erkannten die Gefahr der Vernichtung identitätsstiftender Alltagsdinge und fingen an zu sam-

meln – alte Haus- und Handwerksgeräte, Bücher, Bilder, Versteinerungen, prähistorische Funde und manches aus der Tier- und Pflanzenwelt. Es waren Anfänge. Der schwäbische Arzt und Heilklimatologe Dr. Carl Haeberlin, der im Jahre 1902 nach Wyk kam, ließ sich von dem Thema faszinieren. In jahrzehntelanger, unermüdlicher Forscherarbeit schuf er, als einer der besten Kenner nordfriesischer Kulturgeschichte, ein Museum, das jeden Besucher durch seine Vielseitigkeit überrascht. Seit 1927 trägt es den Namen Dr. Haeberlins.
Dr. Haeberlin wünschte dem Museum, „ein fester Deich zu sein für die Wahrung der einheimischen bodenständigen Kultur gegen jede Entfremdung und Entartung". Das war 1908. Heute scheint dieser Wunsch wichtiger denn je.
So viel ist sicher: Föhrs Museen bereichern den Tagesausflug auf die Insel oder den Inselurlaub. Übrigens kann man in beiden Museen auch seine Hochzeit feiern.

Alkoven im Friesen-Museum

Namen – Vor- und Nachnamen der Friesen

Hark und Brar und Ocke (männlich), Keike, Gyde, Göntje (weiblich) – auf Föhr hört und liest man (Vor-)Namen, die man woanders gar nicht kennt. Auch Personennamen klingen fremd – Olufs, Roeloffs, Ketelsen und viele

andere, die auf „s" oder „sen" enden. Sie sind, das ist sicher, friesischen Ursprungs. Vor allem die, deren Namensstamm alte friesische Vornamen waren. Wie Arfsten, Früdden, Wögens und viele mehr.
Viele Einflüsse sind schon früh für die Namensgebung nachgewiesen. Däni-

Gedenkstätte für den Heimatforscher Lorenz Braren bei Monklembergem

sche und deutsche, niederländische in Seefahrerzeiten und auch englische. Vor allem aber dauerte es lange, bis obrigkeitlich feste Nachnamen eingeführt wurden. Sie orientierten sich wieder an den Vornamen der Väter – daher die vielen Hansens und Paulsens und Knudsens, ähnlich auch Broders und Rickmers. Immer „Söhne von"… Und die Töchter erhielten den Vornamen des Vaters oder des Ehemannes mit einem „s" angehängt.
Wer in der Familiengeschichte gräbt, erlebt da manches Wunder. Wichtig sind dafür auch die Dokumentationen der Föhrer Geschlechterreihen – ein sehr spezielles, interessantes Kapitel.

Nationalpark Schleswig-Holsteinisches Wattenmeer

Um →*Naturschutz* geht es auch hier, im Wattenmeer. Die Wattflächen der Nordsee sind die größten der Erde und weltweit einzigartig. Vor der Nordseeküste Schleswig-Holsteins, von der Elbmündung bis zur dänischen Grenze, dehnt sich der seit 1985 unter Schutz stehende Nationalpark Schleswig-Holsteinisches Wattenmeer aus. Er ist mit 4380 Quadratkilometern der größte Nationalpark zwischen dem Nordkap und Sizilien, die Nationalparke Hamburg und Niedersächsisches Wattenmeer schließen sich an. Seit langer Zeit besteht eine enge Zusammenarbeit. Der schleswig-holsteinische Nationalpark ist zugleich seit 2004 UNESCO-Biosphärenreservat und wurde 2009 von der UNESCO als Weltnaturerbe Wattenmeer ausgezeichnet. Wobei die →*Inseln* Sylt, Amrum, Föhr und Pellworm sowie die fünf größeren und bewohnten →*Halligen* nicht zum Nationalpark gehören.

Auf Föhr stehen an 30 Standorten sehr gute Informationstafeln, es gibt

Strandkrabbe im Watt

auch einen ökologischen Lehrpfad und eine Schutzstation Wattenmeer. Das Nordsee-Wattenmeer ist das größte zusammenhängende Wattsystem der Welt, in jedem Frühjahr und Herbst ist es Ziel von 10 bis 12 Millionen Zugvögeln, die hier Rast machen und sich satt futtern für den Weiterflug. Und brüten. Auch heimische Brutvögel haben hier ihr Zuhause. Zugleich ist das Wattenmeer die „Kinderstube" wichtiger Speisefischarten wie Scholle und Seezunge, und der „Krabbe" (Sandgarnele). Das Wattenmeer ist ein einzigartiger Lebensraum für mehr als 10 000 Tier- und Pflanzenarten. Dazu gehören auch Seehunde, Kegelrobben und Schweinswale, die hier leben. Mit ihrer Brut.

Nach dem Nationalparkgesetz ist

Bei Niedrigwasser erkennt man die Sandbänke in der Nordsee.

Lachmöwe mit Jungvögeln im Nest

grundsätzlich alles untersagt, was der Natur oder den Tieren und Pflanzen im Nationalpark schaden könnte. Der küstennahe Bereich darf dennoch fast überall durchwandert werden, vor allem geführte →*Wattwanderungen* auf festgelegten Routen sind möglich.

Naturschutz – Nachhaltigkeit – Nationalpark

Föhr gilt als „grüne Insel" – das ist nicht politisch gemeint und nicht nur der Landschaftsoptik wegen. Föhr ist eben von seinem Ursprung her und auch heute noch ein Stück Bauernland mit viel Grün, mit Weiden und Wiesen. Aber Föhr ist auch eine Insel, auf der schon sehr früh viel für den Natur- und Umweltschutz getan wurde. Das war vor allem nötig nach einer umfangreichen Flurbereinigung in den 1950er Jahren, die ein neues Entwässerungssystem der Marsch mit sich brachte. Viele Flächen konnten nun landwirtschaftlich genutzt werden, aber die Vegetation veränderte sich massiv. Vogelarten, Amphibien und Insekten verschwanden. Außerdem wurde eine zunehmende Luft- und Gewässerverschmutzung der Nordsee nachgewiesen. Umweltschützern gelang es, davon zu überzeugen, dass jeder in der Verantwortung für seine Welt, für Klimaschutz und Nachhaltigkeit steht und aktiv werden muss. Ein inseltypisches Thema, denn man weiß hier einfach aus jahrhundertealter Erfahrung, wie abhängig mitten im Meer das Leben

Bauernland

und Überleben von Klimakatastrophen und von schweren Sturmfluten ist.

Seit Ende der 1980er Jahre versuchen daher verschiedenste Interessenvertretungen auf der Insel ökologische Veränderungen in den Bereichen Verkehr, Energie, Naturschutz und Landwirtschaft, Ver- und Entsorgung und Öffentlichkeitsarbeit anzustoßen.

Grundlage dafür ist das „Integrierte Inselschutzkonzept", das damals von der Landesregierung angestoßen wurde. So gilt beispielsweise der „Föhrer Dosenschwur" (Getränkedosen und Einwegverpackungen wer-

Nächste Doppelseite: Godelniederung

Der einst schiffbare Große Kanal reguliert den Wasserstand in dem flachen Land.

den vermieden, wo es Mehrwegalternativen gibt), ein Sperrgutbasar entstand, bei öffentlichen Veranstaltungen gibt es ein Geschirrspülmobil (von der BUND-Inselgruppe betreut), Busse und andere Fahrzeuge der WDR fahren mit Rapsöl (was man riechen kann!), es gibt einen viel frequentierten Fahrradbus und eine Stadtbuslinie. Storchenunterkünfte wurden gebaut, Brutgebiete in der Godel-Niederung geschützt. Landwirtschaft wird umweltbewusst betrieben. Landwirtschaftliche Flächen wurden vom BUND erworben und fortan extensiv bewirtschaftet. Streuobstwiesen wurden angelegt. Auf den großen Marschflächen drehen sich längst viele Windräder, sogar die Kläranlage erzeugt ihren eigenen Strom – und überall sieht man Häuser mit Solartechnik.

Nieblum (Njiblem)

Kein Zweifel: Nieblum ist das schönste Dorf der Insel Föhr, sicher auch eines der schönsten Schleswig-Holsteins. Das alte Kapitänsdorf hat eine ganz besondere Atmosphäre. Entlang der mit Kopfsteinen gepflasterten Straßen und Gassen reihen sich wunderschöne alte und auch neue reetgedeckte Giebelhäuser, meist weiß mit farbigen Fensterrahmen und kunstvoll Bgeschnitzten Türen. Prächtige Linden und Rosenstöcke schmücken die Häuser. Feriengäste der Insel lieben die kleinen Läden, Galerien und Gaststätten – so kann es schon mal sehr quirlig sein in den engen Straßen. Die mächtige St.-Johannis-Kirche aus dem 13. Jh. mit ihrem weitläufigen Friedhof überragt alles. „Friesendom" wird sie respektvoll genannt. Die Kirche und die „redenden Steine" (→*Kirchen*) muss man gesehen haben! Nieblum lebt schon seit gut einem Jahrhundert von den „Badegästen", früh war hier der Fremdenverkehr – wie in der Inselhauptstadt Wyk – ein wichtiger Erwerbszweig. Seit 1976 ist Nieblum ein ausgewiesenes „Nordsee-Seebad". Am sehr schönen

6 km langen Sandstrand haben die Surfer ihren Lieblingsort. Samt Surfschule. Im Ortsteil Greveling, zwischen Nieblum und der Inselhauptstadt →*Wyk* gelegen, dehnt sich weitflächig eine fast hundertjährige 27-Loch-Golfanlage aus. Es ist ein besonders schöner Platz mit einer gepflegten Naturkulisse. Dünen, Biotope, Wälder gehören dazu, alles im →*Weltnaturerbe Wattenmeer* gelegen.

Nächste Doppelseite: Typische Reetdachhäuser in Nieblum

Oevenum (Ööwenem)

Schmucke Häuser, blühende Gärten, enge Gassen – das kleine traditionsreiche Dorf Oevenum, direkt an der östlichen Marsch gelegen, gehört zu den stillen, beschaulichen Ferienorten der Insel. Außer, wenn im Sommer der einmal wöchentliche Bauernmarkt die Straßen und Vorgärten füllt. Dann, so scheint es, kauft „ganz Föhr" ein in Oevenum. Einmalige regionale Spezialitäten und Kunsthandwerk! Da muss man hin!

Oldsum (Olersem)

Die Ortsteile Oldsum, →*Klintum* und →*Toftum* machen das Langdorf aus, das im Nordwesten der Insel Föhr am Rande der Marsch liegt. Lange war es

In dem heutigen Braren-Hof wurde der Maler Oluf Braren im Jahr 1787 geboren.

durch die Landwirtschaft geprägt und auch heute noch gibt es viele größere Bauernstellen.
Oldsum hat sich aber auch zum Dorf der Künstler und Kunsthandwerker, der Galerien und gemütlichen Gasthäuser entwickelt. Die Oldsumer Mühle, die wie ein Wahrzeichen am Rande des Ortes liegt, wird privat genutzt.

Oterbaankin – die „Unterirdischen“

Überall auf den →*Inseln* begegnet man ihnen: den Oterbaankins, den „Unterirdischen“. Es sind Fabelwesen des Volksglaubens, die tief in der Erde in Höhlen leben sollen. Ursprünglich waren es Figuren aus der nordischen Mythologie. Keiner hat sie je gesehen. Aber wie Zwerge oder Trolle sollen die kleinen Wesen aussehen, deren skandinavische Verwandte wohl die Nisser und die Tomten sind, auch die Gnome und Trolle, die bedeutungsschweren Elfen und Feen der Isländer. Unsere Sagenbücher sind voll von den zuweilen putzigen, zuweilen skurrilen oder sogar boshaften Geschichten. In vielen Ländern und Regionen. Eben auch auf Föhr. Oft sind sie eine Freude oder auch eine Furcht für Kinder und für Abergläubische … Sie treiben Schabernack oder sie tun Gutes. Auf jeden Fall sollte man die Haus- und Erdgeister gütig stimmen, ihnen Glitzerndes oder auch Handwerkszeug bereitlegen (was sie wegschleppen dürfen) und Reis- oder Hirsebrei hinstellen, damit sie satt sind, gute Laune haben und die Erdenmenschen nicht ärgern. Wie es bei uns im Norden zum Weihnachtsbrauchtum gehört. Nis Puk bekommt da seine Weihnachtsgrütze. Mancher Föhrer meint, dass die kleinen, krummen, knubbeligen Wesen mit den großen Köpfen und den langen Armen in →*Utersum* in den „Triibergem“ leben, den Grabhügeln aus der Bronzezeit, und von dort ausschwärmen. Am liebsten nachts bei Mondenschein … Auf den Feldern beim Pflügen und am Kliff nach großen Fluten findet so mancher Föhrer ihre steinernen „Töpfe und Schalen“, auch Hexenschüsseln … Steinmetze lieben die kleinen Kerlchen – so entdeckt man die Oterbaankins versteinert auf der ganzen Insel, vor mancher friesischen Haustür!

Planetenweg

Das ist spannend! Auf Föhr kann man auf Schnitzeljagd gehen. Aber nicht nur mit Block und Bleistift, sondern auch digital! Geocaching hat Föhr erobert. Insulaner und auch ihre Gäste. Wer ein GPS-Gerät mitbringt, kann zu Fuß und per Rad auf die Suche nach verborgenen Schätzen gehen.

Es gibt sogar ein Projekt, das sich ganz besonders fürs Geocaching eignet – den Planetenweg, der aber auch für interessierte Wanderer einmalig ist. Föhrer Astrofreunde haben entlang der südlichen Küste von →*Wyk* bis →*Utersum* eine 11 km lange Spur gelegt. Im Maßstab 1 : 400 Millionen kann man da auf dem Planetenweg unser Sonnensystem kennenlernen. „Vom Wyker Leuchtfeuer aus (Sonne) über die Promenade Richtung Südstrand zu den einzelnen inneren Planeten (Merkur, Venus, Erde, Mars) führt der Planetenweg am Strand entlang weiter über Bredland (Saturn), →*Goting* (Uranus) bis hin zu Triibergem in Utersum (Neptun).“ – so die Beschreibung. An jeder Station stehen Infotafeln. Wer seine Lust an der Astrologie dann noch mit einer Geocaching-Tour verbindet, der saust mit Lichtgeschwindigkeit durch die eigentlich so gemütliche Ferieninsel.

Prominenz – auch Könige kamen

Es könnte schon sein, dass einem beim Einkauf auf Föhr der TV-Star Harald Schmidt begegnet, beim Kaffeetrinken der TV-Schauspieler Christian Brückner oder beim Reisbrei am Sandwall PHC, der Ex-Ministerpräsident Peter Harry Carstensen. Auch die Fernsehmoderatoren Peter Hahne und Manuel Andrack könnten gerade anwesend sein. Die naturschöne Nordseeinsel ist ja auch bei der Prominenz beliebt. Nicht so „laut" erlebt man hier die „Stars" wie auf Sylt. Aber die Föhrer berichten gern davon, immer noch begeistert von „ihrem" Hans Rosenthal, den sie sogar zum Ehrenbürger von →*Utersum* gemacht haben. Und auch stolz von Helga Feddersen, die hier wohnte, wie der immer so verschwiegene Theo Albrecht. Die Liste der Namen ist lang. Von Königen und großen Politikern bis zu Künstlern aller Zeiten.

Es begann ja mit dem dänischen König Christian VIII., der erstmals am 29. Juli 1842 →*Wyk* besuchte und das noch so beschauliche Seebad bis 1847 zu seiner Sommerresidenz erkor. „Sei

Gedenkstein für Hans Rosenthal in Utersum in der Nähe des Strandes

willkommen uns, Innigstersehnter! Treue begrüßen Dich und Liebe." So war es in der überschwenglichen Sprache jener Zeit auf der Ehrenpforte zu lesen, als mit dem hohen Besuch die Königszeit auf Föhr begann. Eine große Zeit. Wie schrieb doch Georg Weigelt, der Besitzer der Badeanstalt, noch Jahre später, als längst die Preußen die →*Tradition* fortführten: „Noch jetzt, 1869, stehen bei uns die Jahre hoch im Ansehen, in wel-

chen König Christian VIII. mit seiner Gemahlin und mit seinem Hof halt hier badete und die Regierungssorgen vergaß. In den Erinnerungen der Insulaner gleichen sie den sieben fetten Traumjahren des Pharao ..."
Fürstlichen Besuch schätzte man sehr auf Föhr, noch heute wird gern berichtet von den Besuchen vom Dänenkönig Friedrich VII. (1860) und dann von der königlich-preußischen Zeit von 1865–1887. Kronprinz Friedrich Wilhelm von Preußen, der spätere Kaiser Friedrich III., kam mit Familie. Sohn Prinz Wilhelm, der spätere Kaiser Wilhelm II., sein Bruder Heinrich und deren Erzieher Hinzpeter. Auguste Viktoria war da, die spätere Kaiserin, die mit ihrer Schwester und ihren ältesten Söhnen in Wyk logierte. Auch Prinz Julius von Glücksburg, der Bruder des dänischen Königs, kehrte immer wieder. Mit ihnen kam stets ein großer Hofstaat, so dass noch manches ererbte Gästebuch der alten Wyker Familien stolz vorgezeigt wird. Es zog dann ja auch andere Berühmtheiten nach auf das Eiland draußen im Meer.
Einer der ersten und bedeutendsten war Hans Christian Andersen, der große dänische Märchendichter, der 1844 einer Einladung seines Königs folgte und nicht nur die Hoheiten mit seinen Werken beglückte, sondern seine starken Eindrücke – ein „Höhepunkt seines Lebens" – in „Die zwei Baroninnen" und vielen Briefen niederschrieb. Viele Literaten haben das Seebad Wyk und die Insel Föhr besucht. Klaus Groth gehört dazu und der noch junge Wilhelm Raabe, Friedrich Spielhagen und Wilhelm von Kügelgen und der immer so wortreiche Graf Adelbert Baudissin. Hans von Hopfen schrieb in Wyk „Der graue Freund", Friedrich Theodor Vischer seinen Roman „Auch einer". Detlev

Hans Christian Andersen

von Liliencron begeisterte sich für die Insel und die Friesen, Christian Morgenstern kam wiederholt, kurierte hier seine Krankheit aus und wollte „zu Niblum … begraben sein". Wilhelm Lehmann setzte auch auf Föhr seine Empfindungen in naturschöne Lyrik um, und der Weltenerneuerer Wenzel Hablik erdachte hier an Gmelins Seite den Menschen der Zukunft und griff in seinem „Traum von Wyk" weit voraus.

Noch viele mehr fassten ihr Inselerleben in Worte. Der noch ganz junge Theodor Storm und der sehr betagte Theodor Fontane waren wohl die bedeutendsten. Das Gedicht „Emma" erinnert bis heute an den Besuch des 12-jährigen Theodor Storm und an seine kindliche Begegnung mit Emma Kühl, der niedlichen Tochter des Wyker Zollverwalters. Hätte der große Dichter nicht später seiner Braut Constanze die heimlichen kindlichen Küsse „hinter der Küchentür" und eine spätere Wiederbegegnung mit Emma und ein allzu hastiges Eheversprechen „gebeichtet", Storms Föhr-Besuche hätten wohl kaum Geschichte gemacht … Theodor Fontane war 72, als er 1891 nach Föhr kam,

Theodor Fontane

kurte und an seinem Roman „Mathilde Möhring" arbeitete. Den Briefen an seine Frau und an seine Tochter verdanken wir wertvolle Zeitbilder und trotz des gesundheitlich schlechten Befindens des Dichters (Regen, Sturm und Kälte hatten ihre Folgen) spricht aus allem eine starke Begeisterung für die Insel und ihre Bewohner. Zu den Meistern des Wortes gesellten sich zu allen Zeiten die Meister des Bildes – die Schönheiten der Insel, die Eigen-Art und Anmut der Friesinnen und Friesen sind für viele Maler und Künstler seit jeher ein Grund gewesen, Föhr zu besuchen. Da kamen der Zeichner und Lithograph Johann Friedrich Fritz und der Sylter Lehrer und Chronist Christian Peter Hansen, es kamen vor allem die ganz Großen, Carl Ludwig Jessen, Carl Christian

Grabstein für den Laienmaler Oluf Braren und seine Frau Meete, Friedhof St. Laurentii

Magnussen, Ludwig Bokelmann, Otto H. Engel und Ludwig Dettmann, schließlich auch Hans Peter Feddersen, der wandernde Porträtist. Oluf Braren, der Laienmaler von Föhr, lebte ja schon hier.

Ein ganz besonderes Denkmal setzte Johann Strauß (Sohn) der Insel. Er verlebte hier 1879 nach dem Tod seiner ersten Frau glückliche Flitterwochen mit der Sängerin Angelika Dittrich. Die starken Eindrücke von Meer und Land ließen in dieser Zeit seine klangvollen „Nordseebilder“ entstehen – einen Walzer, der auch heute noch gern gespielt wird.

Die Chroniken der Stadt, die Gästebücher und Fremdenlisten berichten noch von vielen berühmten Persönlichkeiten, die sich aufgemacht haben, mitten im Meer, auf der kleinen grünen Insel, Glück und Gesundheit zu suchen. Hier kurte August Bebel, hier erholten sich die Generale v. Pape und v. Moltke, hier fachsimpelte Rudolf Virchow. Jedes Haus mit →*Tradition* meldet mit Stolz noch heute „seine“ einstigen Größen.

Prominenz aus allen Bereichen setzte auch in der jüngsten Vergangenheit zur Insel Föhr über. Beispielweise be-

Das Segelschulschiff „Gorch Fock“ besuchte 1985 Föhr.

gab sich 1983 der damalige Bundespräsident Dr. Karl Carstens mit seiner Frau auf eine →*Wattwanderung* – 2011 kamen der damalige Bundespräsident Christian Wulff mit seiner Frau Bettina. Immer große Ereignisse für die Insel, aber auch für die hohe Politik des Landes!

Ein Jahrhundertereignis war der Besuch der „Gorch Fock“ 1985. Das Segelschulschiff der Bundesmarine wurde von seinem Kommandanten, Kapitän zur See Nickels Peter Hinrichsen aus →*Oldsum*, in einer navigatorischen Meisterleistung in das enge Fahrwasser vor Föhr hineinmanövriert. Ein märchenhafter Anblick – der stolze Dreimaster unter Segeln vor dem Wyker Sandwall! Landtagspräsident Rudolf Titzck war der Initiator!

Und dann kamen sogar wieder Königinnen: Zur Eröffnung des Museum Kunst der Westküste in →*Alkersum* im Jahr 2009 beehrten Königin Margrethe II. von Dänemark und Ashi Sangay Choden Wangchuk, die Königin von Bhutan, das neue Museum und seinen Förderer, den Pharmaunternehmer Prof. Frederik Paulsen. Unter den prominenten Gästen waren auch Peter Harry Carstensen, der ehemalige Ministerpräsident, und die von Föhr stammende Verlegerin Friede Springer.

Einst verkehrten Könige auf Föhr, davon spricht man noch heute. Von welcher Prominenz wird man in fernen Zeiten wohl berichten ...

Quallen

Quallen sind besonders interessante Meerestiere, schwimmende Schönheiten mit phantasievollen Namen, die immer auch vor den Föhrer Stränden im Wasser treiben oder im Watt angespült werden. Bei auflandigen Winden können auch ganze Schwärme unterwegs sein. Sie sind sehr schön, aber nicht wirklich beliebt, denn einige dieser meist handtellergroßen Nesseltiere können Menschen „verbrennen“. Bei der Berührung der Tentakeln schleudern sie giftige Substanzen heraus, die starkes Hautbrennen und Juckreiz hervorrufen.
Quallen bevölkern die Weltmeere seit mehr als einer halben Milliarde von Jahren. Sie werden in Südostasien und China sogar gegessen – inzwischen kann man sie auch bei uns bekommen. Sie werden gekocht, frittiert oder als entwässerte Quallenchips zubereitet. Kenner finden sie köstlich. Wie auch Austern oder Entenmuscheln. Da sie zu 98 % aus Wasser bestehen, sind sie sogar wegen ihrer Proteine wichtig, reich an Natrium, Calcium, Kalium und Magnesium.
Aber zum Anschauen sind sie in ihrer ganzen großen Vielfalt auch einfach schön!

Queller

Zu den Salzwasserpflanzen, die sich bei der →*Landgewinnung* ansiedeln, gehört der Queller. Zusammen mit dem Seegras fördert er die Ablagerung von Schlick und lässt die Salzwiesen entstehen. Queller existiert nur von April bis Oktober, die Samen überwintern aber und wachsen im neuen Frühjahr wieder üppig aus.
Queller ist essbar. Er hat einen kräftigen Geschmack und ist wegen seiner Nähr- und Mineralstoffe sehr gesund. Der „salzige Meerspargel", wie er auch genannt wird, sollte nur kurz gelagert und lieber frisch verarbeitet werden. Er darf erst direkt vor der Zubereitung kurz in Süßwasser gewaschen werden. Man kann Queller roh in Salate schneiden, ihn aber auch kurz blanchieren oder in heißer Butter braten. (→*Essen und Trinken*)

Reetdach

Reetdächer machen die Anmut der Föhrer Dörfer aus. Hier, mitten im Meer, wo man einst keine Ziegeleien hatte, baute man Häuser und →*Kirchen* mit Feldsteinen und gelehmelten Wänden und deckte die Dächer mit zunächst Stroh, später dann Reet, also getrocknetem Schilfrohr. Das zog man in der Marsch und im nordfriesischen Festland in Wassernähe, häufig die Familien selbst für ihre eigenen Häuser und Höfe. „In jeder Generation wird einmal gedeckt, das eigene Reet wächst in der Marsch." So die Einheimischen. Nun hat sich ja vieles geändert. Reet wächst nur noch selten auf dem eigenen Feld. Wer neu baut oder Altes restauriert, beschäftigt auch Reetdachdecker – und die erhalten ihre Lieferungen inzwischen aus Rumänien, der Ukraine, Ungarn, China und der Türkei. Dänemark und Holland liefern zuweilen, neuerdings auch Estland. Reetdachdecker nähen, binden oder schrauben die Reetbunde Stück für Stück an den Dachlatten fest. Die Mühe lohnt. Die Häuser mit den gemütlichen Mützen sind im Sommer kühl, im Winter warm und

Noch heute werden viele Häuser traditionell in mühevoller Handarbeit mit Reet eingedeckt.

ein Dach hält, teuer oder nicht, 30 bis 50 Jahre. Vereinzelt gibt es sogar hundertjährige!

Behaglich, hyggelig, sehen so die Inselgemeinden aus. Selbst Scheunen, Garagen und Eingangsbogen tragen hier Strohhüte. Das kunstfertige Reetdachdeckerhandwerk gehört heute zum Immateriellen Kulturerbe der UNESCO.

Reiten

Zu den beliebtesten Sportarten und Freizeitfreuden gehört auf Föhr das Reiten. Es ist eine Pferdeinsel mit herrlichen Strecken (→*Sport*)

Ringreiten

Zum Sommer auf Föhr gehört das Ringreiten, der sportliche Wettkampf, der an mittelalterliche Turnierspiele erinnert. Vier Ringreitervereine gibt es, auch Amazonen sind aktiv. Sogar für Kurgäste gibt es einen eigenen Wettkampf. Das Besondere: Der Reiter muss im Galopp mit einer 2 m langen Lanze einen Messingring aufspießen, der am Galgen hängt. Bei mehreren Durchgängen werden die Ringe immer kleiner, das Stechen wird also immer schwieriger. Nach dem Stechen und der Siegerehrung ziehen die stolzen Reiter durch die Dörfer, mit Blasmusik vorweg. Es wird gejubelt und bis in die Nacht gefeiert. Ringreiten ist immer ein Fest für die ganze Insel! (→*Tradition*).

Ringreiter vor dem Wettkampf

Salzgewinnung – das friesische Salz

Das Salz der Friesen ist ein Stück ferner Vergangenheit. Es ist eine spannende Geschichte, die zum nordfriesischen Wattenmeer gehört. Man muss sich die frühen Zeiten vorstellen, als es noch keine Kühlschränke oder Tiefkühltruhen gab. Da war das Einsalzen, das Pökeln von Fisch und Fleisch, eine lebensnotwendige Methode der Konservierung.

Modell einer Salzpfanne im Dr.-Carl-Häberlin-Friesen-Museum

Entlang der ganzen Nordseeküste wurde seit dem 8. Jahrhundert Salz aus dem Torf im Moor gewonnen. Ein außerordentlich kompliziertes Verfahren, das man heute vor allem im Föhrer Museum in einer Ausstellung nachverfolgen kann.

Als die Friesen das Gebiet der nordfriesischen Wattenmeerküste besiedelten, fanden sie unter viel Schwemmland und Salzwiesen auch abgestorbene Moore vor und salzwasserdurchzogenen Torf. Den Torf brauchten sie zunächst als Brennmaterial. Irgendwann

gelang es ihnen aber, aus der Asche verbrannter Salztorf-Soden das Salz durch Wasch- und Siedevorgänge auszulösen. In großen Fässern wurde das friesische Salz vom 11. Jh. an in Haithabu, über das sagenhafte Rungholt und über den Hafen von Ribe verschifft. Salz war ein teures Haupthandelsgut. Es machte die Konservierung des Fischreichtums möglich und damit allerlei Meeresgetier zur begehrten Handelsware. Der Handel hatte Erfolg bis zur Hansezeit, in der das preiswertere Lüneburger Salinensalz dann immer mehr Vorrang gewann. Außerdem konkurrierten vom 16. Jahrhundert an die Niederländer mit gereinigtem Meersalz der Atlantikküste. An dem so mühevoll gewonnenen „grauen" Salz der Nordfriesen war kein Bedarf mehr. 1782 wurde das Gewerbe der friesischen Salzsieder aufgegeben.
Problematisch war in früher Zeit, dass die Überflutung der muldenartigen Salztorf-Abbauflächen bei Sturmfluten immer wieder zu starken Landverlusten führte.
In jüngster Zeit hat man bessere Methoden. Das von den Nordfriesen gewonnene friesische Meersalz ist heute eine begehrte Delikatesse.

Schafe

Ganz viele Pferde gibt es auf der Insel, aber auch ganz viele Schafe. Als Weidetiere sind sie unverzichtbar auf den Wiesen und den Deichen. Für Genießer gibt es köstliches Fleisch vom Salzwiesenlamm, Kenner lieben Käse und Joghurt aus der leckeren Schafmilch. Und auch viel Schafwolle wird verarbeitet – zu Pullovern und allerlei.

Sport

→*Reiten*, Golf und Wassersport – die kennt „man“, wenn ein Urlaub auf Föhr geplant ist. Vielleicht ist die großartige traditionsreiche 27-Loch-Anlage in →*Nieblum* ja der eigentliche Grund der Reise für Golfer. Oder die vielen Golf-Varianten auf der Insel – vom Adventuregolf und Swinggolf bis zu Fußballgolf und Spielgolf. Oder sind es die hervorragenden Bedingungen für Reiter – 850 Pferde gibt es auf Föhr und eine große Anzahl von Reiterhöfen. Viele Reitwege und als etwas ganz Besonderes das Reiten im Watt. Oder ist es das begeisternde Kite- und Windsurfen auf der Nordsee, auch SUP und Segeln?

Sicher ist, dass auf der so beschaulichen Insel Föhr, die gern mit ihrem großen Angebot für Familienurlauber wirbt, ein riesiges Spektrum an Sportarten möglich ist. Für jedes Alter. Ein ganzes Alphabet könnte man aufzählen. Vom AQUAFÖHR-Erlebnisbad, für das in

Pferde auf der Weide im Reiterdorf Alkersum

Neben Kite- und Windsurfen ist besonders das Stand-Up-Paddling ein beliebter Sport.

den nächsten Jahren ein großartiger Neubau konzipiert worden ist. Über Beachvolleyball, Bogenschießen und Drachensport zu diversen Kampfsportarten, Radfahrern bietet es 200 km ausgewiesene Radwege und eine Handvoll von Themenrouten. Aber da ist auch viel Tennis, Tanzen und Wandern möglich – tolle Programme, auch durchs Watt. Sogar Yoga steht auf dem Plan. Alles nur Denkbare wird angeboten (nein, es gibt keinen Skilauf und keine Berge …).

Die Insel Föhr ist ein Paradies für aktiven Urlaub, für Erholung, Erlebnis und Sport. Große Turniere werden veranstaltet, von den Ringreitern und den Tennisspielern und anderen Sportlern. Der Cup der Windsurfer wird ausgetragen, der Wyker Stadtlauf findet statt. Ein leiseres Kapitel betrifft den Denksport – Bridge wird ganz groß geschrieben, man trifft sich auch zu Skat und Schach … Und dann endet jedes Jahr mit dem Silvesterlauf und jedes neue beginnt mit dem Neujahrsschwimmen!

Steine, Strandgut, Treibsel

Das Meer kommt, das Meer geht. In stetem Wechsel. Und immer spült es Treibgut an den Strand. Im freigelegten Watt entdeckt man bei Ebbe herrliche Fundstücke. Steine, immer wieder Steine, kleines Seegetier, große Torfstücke, bei Sturm auch Planken und Holzreste (leider auch viel Abfall – Plastikmüll, Flaschen und viel schlimmen Müll). Der Strandläufer findet aber immer Schönes – denn in den Algenbergen, in Seegras und Meersalat verfangen sich viele verschiedene Muschelarten, kleine und große Schneckenhäuser, die faustgroßen luftigen Laichballen der Wellhornschnecken. Man entdeckt den weißen Schulp vom Tintenfisch, braune Kapseln und sogenannte „Nixentäschchen", die Eikapseln von Rochen und vom Katzenhai. Und wenn man Glück hat, sogar Bernsteinbrocken. Steine sind es vor allem, mit denen man sich die Taschen vollstopfen kann, denn der Meeresboden ist voller kleiner und großer Steine, die von sehr fernen Zeiten erzählen könnten. Sie sind kantig oder glatt gerieben, haben Augen und Adern und Risse und zuweilen lustige Farben und Formen. Granit, Sandstein, Gneis, Basalt und wie sie alle heißen. Viel Flint und Feuersteine, und wenn man Glück hat, Steine mit dem Loch (Hühnergötter) und ausgewaschene Schälchen, das Zwergengeschirr. Auch Klappersteine und jede Menge eingeschlossene und geprägte Fossilien, immer auch versteinerte →*Muscheln* und Austern, Seeigel und Korallen, Donnerkeile und Kalksteine mit Bohrringelwurm-Spuren. Das alles kann man getrost nach Hause tragen und sich einfach freuen über diese Zeugen der Geschichte.

Muscheln, versteinerte Seeigel und Donnerkeile sind gesuchte Fundstücke.

Süderende (Söleraanj)

Am südlichen Ende von →*Oldsum* lag der kleine Ort, bis er im 19. Jh. eigenständig wurde. Daher kommt der Name Süderende. Im 17. und 18. Jh. bestimmte der →*Walfang* die Geschichte und den Reichtum der Menschen, Oldsum trug sogar den Beinamen „Dorf der Kapitäne". Wunderschöne alte Reetdachhäuser stammen aus der Zeit. Auf einem Hügel südlich und außerhalb des Dorfes liegt die schöne St.-Laurentii-Kirche, von einem beeindruckenden Friedhof umgeben, der viele „→*redende Grabsteine*" aufweist, auch den des erfolgreichen Walfangkommandeurs Matthias Petersen. Es war der „Glückliche Matthias", der 373 Wale erlegte.

Grabstein des Walfangkommandeurs Matthias Petersen, genannt der „Glückliche Matthias"

Tierwelt

Es geschah dieser Tage, dass zwei Rehe in der Dämmerung über den ziemlich leeren Sandwall flanierten. Als hätten sie sich abgesprochen, schritten sie nach einer Weile fast elegant die Treppe zum Strand hinunter und liefen zum Wasser. Sie gingen baden. Und verschwanden schwimmend. Glücklicherweise gab es Zeugen, die die Episode in einem Video festhielten! Föhrer Gäste waren erstaunt. Rehe auf Föhr? Ja, es gibt auf der Insel viel Niederwild – vom Rothirsch bis zum Jagdfasan und Feldhasen. Ein hoher Hasenbestand wird jedes Jahr wieder gemeldet. Und wenn dann zwischen November und Mitte Januar der Hegering zur Treibjagd

ruft, dann ist richtig was los! Ungefähr 8000 Wildtiere werden jährlich gestreckt.
Sonst, so scheint es, sind es eher viele →*Schafe* auf den Wiesen und →*Deichen*, die es zu sehen gibt, und überall Pferde auf den Weiden.
Und die Himmel sind immer voller Möwen. Das ist der Eindruck von der Tierwelt auf Föhr. Neben den Unmengen von heimischen und Zugvögeln im Watt und all dem Meeresgetier.
Schafe leben zu Tausenden auf der Insel, viele verschiedene Rassen. Im Frühjahr lieben vor allem die Kinder die herumspringenden jungen Lämmer. Im Land der Deiche machen sich Schafherden in großer Zahl unentbehrlich als Landschafts- und Deichpfleger. Sie halten die Grasnarben kurz und treten den Marschboden fest, sie stampfen sogar die Löcher im Deich zu, die Maulwürfe und Wühlmäuse gegraben haben. Ihr Dung ist zudem gut für die Graswurzeln. Aber Schafe sind ja auch wichtig als Woll-Lieferanten. Auf der Insel wird viel Schafwolle „geerntet", versponnen, gefärbt und verarbeitet. Schafwollene Produkte sind beliebt. Und dann sind Schafe, vor allem die jungen Lämmer, ja begehrt als Fleisch- und als Milchlieferanten. Das Salzwiesenlamm und das Deichlamm sowie das Milchlamm sind Delikatessen. Auch Käse und Joghurt vom Schaf sind zunehmend beliebt. Ebenso Milch und Sahne.
Föhr ist aber auch ein Land der Pferdezucht, ein guter Zuchtort für die Holsteiner. Die Insulaner selbst sind große Reiter – (→*Ringreiten*), aber auch viele Touristen kommen auf die Insel in die Pferdeställe und reiten gerne auf den langen, guten Wegen, die über die Insel führen. Reiterhöfe machen es auch möglich, dass man durchs Watt reitet, ein besonderes Erlebnis.
Als Insel mit viel Landwirtschaft hat

Graugans

Föhr natürlich große Milcherzeuger, gut 3000 Milchkühe stehen dort, liefern allerbeste Milch für Käse und Vielerlei. Es gibt auch Ziegenhöfe. Neben all diesem existieren aber auch große Schweine- und Hühnerfarmen. Enten- und Gänsezucht ohnehin.

Die Fischerei konzentriert sich auf den Krabben- und Muschelfang, aber auch Aale und Plattfische kommen auf die Tische. Und sogar Hornhechte mit den grünen Gräten wurden schon im Watt gefischt. Es gibt zwar 60 Fischarten im Wattenmeer – aber nicht alle kann man wirklich sehen oder gar essen.

Ein Kapitel für sich sind die Wildenten, die ja traditionell in den →*Vogelkojen* gefangen wurden, nun aber nur noch in sehr kleinen Mengen gejagt werden dürfen. Es gibt also keine Wildvögel mehr zum Verspeisen.

Aber Föhr und sein Watt sind ein Paradies für Wildvögel. Die Zugvögel kommen in Scharen, Wat- und Wiesenvögel brüten und singen und fliegen überall – vom mächtigen Seeadler bis zu den kleinen Knutts, vom rotbeinigen Austernfischer und dem Rotschenkel bis zu den Graugänsen.

Austernfischer

Eine Attraktion auf den Ausflugsfahrten sind die Seehunde auf den vorgelagerten Sandbänken.

Und die Himmel und die Strände sind voller wunderschöner Möwen.
Ohnehin ist das →*Weltnaturerbe Wattenmeer* ja ein bedeutender Lebensraum für allerlei Getier. Im Watt und auf den Sandbänken leben auch die Robben und Seehunde mit ihren Jungen. Eine Attraktion für alle. Auf →*Wattwanderungen* kann man sie häufig sehen, auch auf Ausflugsfahrten und selten auch auf den Fährfahrten zwischen Dagebüll und Föhr. Glücklicherweise werden Seehunde und Robben ja nicht mehr von Touristen gejagt, so, wie es noch im 19. Jahrhundert als Urlaubsvergnügen galt.
Übrigens: Es gibt keine Füchse, Dachse oder Marder auf Föhr – aber jede Menge Bienen (und Honig!).

Toftum (Taftem)

Das Bauerndorf Toftum ist seit 1970 Teil des Langdorfes →*Oldsum*. Aber jahrhundertelang war es eine selbständige Ortschaft mit Fischern und Bauern. Viele gepflegte alte und neue →*Friesenhäuser* prägen das Ortsbild.

Tracht - und Friesenschmuck

Weit schwingen die langen dunklen Röcke, die leuchtenden weißen Schürzen, und der üppige silberne Brustschmuck glänzt im Sonnenlicht. Friesinnen tanzen in ihrer Festtagstracht. Anmutig sehen sie aus und würdig unter ihrem hoch aufgesteckten, bestickten Kopftuch und dem kunstvoll gefalteten und gesteckten Halstuch mit den langen Fransen. Die Friesinnen von Föhr (auch auf Amrum und auf den →*Halligen* trägt man eine sehr ähnliche, schmuckvolle Tracht) sind die trachtenschönsten Frauen des Nordens. 2012 wurde die friesische Tracht sogar vom Deutschen Trachtenverband zur Tracht des Jahres gewählt. Ein großes Fest mit Hunderten von Trachten aus ganz Deutschland wurde auf der Insel gefeiert.

Die jetzige kostbare Festtracht entwickelte sich vor etwa 100 Jahren aus den früheren Trachten heraus. Sie wird in der Familie vererbt, zum ersten Mal bei der Konfirmation getragen und dann zu besonderen Anlässen wie Hochzeit oder Trachtentanz angelegt. Ältere Trachtenmodelle, auch die einfachere historische Alltagstracht, sind seit einigen Jahren auch wieder an Festtagen zu sehen. Im Friesen-Museum (→*Museen*) in →*Wyk* ist die ganze Trachtengeschichte wunderbar dokumentiert.

Alte Abbildungen zeigen die ältesten Trachten der Insel- und Halligfrauen. Seit es weibliches Schmuckbedürfnis und Wohlstand gibt, sind auch Trachten und Schmuck von eindrucksvoller Schönheit entstanden. „An Neigung zum Kleiderstaat fehlt es den Weibern hier so wenig als anderswo ...“ So Pastor Boysen im 18. Jahrhundert. Es werde bei ihrer „jetzigen, im wesentlichen unveränderlichen Tracht in kostbar gearbeiteten Knöpfen, in Haken, Schnallen, Tüchern und kostbaren seidenen Zeugen viel Geld angelegt ...“.

Männer in Tracht sieht man auf Föhr kaum, bei Heimatabenden und Dorffesten bestimmen die wunderschönen Frauentrachten das Bild. Das ist kein Wunder, denn Föhr war lange Zeiten hindurch eine „Insel der Frauen“, die Männer waren monate-, jahrelang unterwegs, nahmen wenig teil an insularem Brauch. Aber wenn sie an Wohlstand gewannen und heimkehrten, dann beglückten sie ihre Frauen auch mit Silberschmuck.

Der Brustschmuck der Friesinnen ist eine große Kostbarkeit. Er ist ein wertvolles Erbe vergangener Zeiten! Einst hielten Haken und Kette Umhang und Mantel zusammen, später wurde Schmuck daraus, zugleich Ausdruck von Reichtum. Zum Friesenschmuck gehören eine Halskette, die Hakenkette auf der Brust, 10 bis 12 Silberfiligranknöpfe, das Amulett mit Kreuz, Herz und Anker als Symbole für Glaube, Liebe, Hoffnung. Den Schürzenbund schmückt eine große filigran gearbeitete Schnalle. Außerdem sind Knöpfe an den Ärmeln angenäht, Nadeln am Kopftuch und Haarnadeln mit Filigranknöpfen eingesteckt und manche Friesinnen tragen noch Broschen, Halsketten und Ohrstecker. Es gibt sogar Ringe. Silberschmiede arbeiten auch heute den traditionsreichen Schmuck von Hand, aber sie pflegen und reparieren auch die alten Stücke, den über Generationen vererbten Familienschmuck. Kostbarkeiten!

Die Föhrer Frauentracht mit ihrem kostbaren Schmuck zählt zu den schönsten Trachten in Deutschland.

Tradition

Das ist sehr besonders: Die Föhrer, insbesondere die Friesen, pflegen überlieferte Traditionen seit Generationen. Rund ums Jahr und rund ums Leben. Immer wieder.
Am bekanntesten ist wohl das Biiken, das große Feuerfest Ende Februar. 14 Biiken gibt es auf Föhr. Hoch lodern dann die Flammen gegen den Himmel, prasselnd und knisternd verbrennen sie Holz und Stroh, und unter Jubel wird der Piader auf der Heuforke in Brand gesetzt. Zum Fest der großen Winterfeuer treffen sich Jung und Alt zu fröhlichem Miteinander und manche singen, manche tanzen, die Jugend treibt ihren Schabernak, und die Jüngsten dürfen schon mal am Glimmstängel

Die Biikefeuer der verschiedenen Dörfer am 21. Februar leuchten weit über die Insel.

ziehen. Man wärmt sich mit Heißem und Gehaltvollem von innen und trifft sich irgendwann später zum fleischreichen Grünkohlessen.
Am Vorabend des Petritages, am 21. Februar also, brennen die Biiken auf den →*Inseln* und →*Halligen* und im nordfriesischen Festlandsbereich. Jedes Dorf hat seine Biike, die Jugend sammelt tagelang Holz, Strauchwerk und Stroh ein und hofft, dass der eigene Feuerstoß der größte von allen wird. Das Ende des Winters wird gefeiert, die Strohpuppe „Piader" (= Peter, Petritag!) als Symbol des Winters verbrannt. Wie in manchem Brauch unseres Lebens mag sich da ein vorchristlicher Feuerkult erhalten haben (in anderen Regionen gibt es Lichtmessfeuer, Osterfeuer, Johannisfeuer ...). Sicher ist nur, dass der Petritag einer der alten Thingtage war, da wurde Recht gesprochen und abgerechnet, Vergangenes gewissermaßen abgehakt und „verbrannt". Und natürlich wurde kräftig gefeiert und gegessen. Seit 2014 steht das Biikebrennen im Verzeichnis des Immateriellen Kulturerbes der Deutschen UNESCO-Kommission e. V.
Wie das Biiken im Winter, so ist das Ringreiten im Sommer ein Inselfest, bei dem auch Gäste jeden Alters willkommen sind. Zum Zuschauen, zuweilen sogar zum Mitmachen. Die fröhlichen Reiterspiele der vier Föhrer Ringreitervereine haben eine lange Tradition. Wenn die festlich uniformierten Reiter mit ihren Lanzen auf den Ring am Galgen zielen, dann führen sie auf moderne Art mittelalterliche Reiterspiele fort, die mutigen Kämpfe hoch zu Ross. Wie das „Rolandreiten" (das Zielen auf hölzerne Rolandsfiguren) ist auch das „Ringelreiten" im 16. Jahrhundert zu einem beliebten →*Sport* im Norden geworden. Auf Föhr wurden die Ringreitervereine in den 1920er Jahren gegründet zunächst eine reine Männersache, seit 1989 gibt es auch einen „Damen-Ringreiterverein". Es wird auch ein allsommerliches „→*Ringreiten* für Kurgäste" veranstaltet.
Rund ums Jahr und rund ums Leben existieren auf Föhr vereinzelt noch viele einzigartige Bräuche. Ostern sieht man manche Kinder auf Föhr-Land bei ihren Eierspielen, beim „Pöötjerin", dem gegenseitigen Anstoßen der hartgekochten Eier, oder beim Eierwerfen und -schleudern. Interessanter wird es für Inselgäste, wenn es Himmelfahrt „Rund Föhr" geht, 37 km ganz zu Fuß.

Jeder echte Föhrer muss das mal geschafft haben, und mancher macht es alle Jahre wieder. Bei Wind und Wetter, vom frühesten Morgen an, schon die Jüngsten laufen Teilstrecken. Aus früheren Zeiten wird berichtet, dass Prügelpausen der Jugendlichen unterwegs dazugehörten, Dorf gegen Dorf, Föhr-Land gegen →*Wyk*. Fröhliche Verschnaufpausen gibt es auch heute …
Pfingsten machen es sich die jungen Leute bequemer beim „Ausfahren" mit Pferd und Wagen, reich mit Maiengrün geschmückt. Ein „Musikant" ist oft dabei, stets aber genügend „Proviant". Wenn allerdings unterwegs zu viel Halt gemacht und von der „umwerfenden" Föhrer Bowle viel getrunken wird, dann kann die Pfingsttour schon mal feucht und unschön enden ... „Utfohren" oder „Ütj to kearen" heißt der sehr alte Brauch, traditionsgemäß sind am ersten Pfingsttag die Westerland-Föhrer dran, am zweiten die Osterland-Föhrer.
Sommerliche Inselgäste bekommen wenig mit von den Festen der Inseljugend wie dem „Ütj to köögin", dem „Abkochen" in der Marsch im Frühjahr, und vom „Thamsen", dem Verschleppen von Geräten am Thomastag im Dezember, vom Rummelpottlaufen der Jüngsten am Silvestertag. Aber die Inseljugend hat da immer Aufgaben, vor allem die Jugendfeuerwehr, mit den noch jungen Nachkonfirmanden flaggt vor den Häusern der Konfirmandinnen und Konfirmanden, am Ende des Tages belohnt man sie mit Kaffee und Kuchen und zuweilen auch mit der ersten Bowle. Dann oft auch mit dem ersten Schwips ... Die Konfirmanden haben auch die Aufgabe, das Holz für die Biiken zu sammeln und die Stapel aufzuschichten, während die Konfirmandinnen den „Peter" aus Stroh basteln und mit alten Sachen bekleiden. Nach der Konfirmation haben die jungen Leute auf der Insel ihre eigenen Regeln und große Freiheiten. Ein ganz besonderes Reglement üben dabei immer noch die „Hualevjonken" aus, die Jungmännerverbände, die sich wie schon vor vielen Jahrhunderten im „Halbdunkel" zusammenfinden. Gruppierungen lediger Männer, die seit einst für Recht und Ordnung im Alltagsleben der jungen Leute sorgten. Einiges hat sich bis heute bewahrt. Immer noch werden junge Paare zur Verlobung „ausgeschossen", immer noch wird geflaggt bei Hochzeiten und

selbst, wenn leichtsinnige Freier nicht mehr in der Mistkarre landen und ehrlose Jungmänner nicht mehr geächtet werden, so herrscht doch weiterhin eine eigene Inselordnung. Auch der Brauch des „Nachtfreiens", der vielzitierten nordfriesischen Variante des „Fensterlns", ist wohl offiziell nicht mehr üblich ...

Traditionell ziehen am Altjahrsabend verkleidete Kinder mit dem Rummelpott von Haus zu Haus.

Bei ihren Lebensfesten, bei Geburt und Taufe, beim Patengehen, bei Hochzeitsfeiern, auch der silbernen und der goldenen, und bei Beerdigungen pflegen die Föhrer Friesen manche Tradition. Inselgäste sind da nur „Zaungäste". Aber aktive und sehr vergnügte Zuschauer können sie sein, wenn alljährlich im Februar in →*Nieblum* die Prämienmaskerade veranstaltet wird, eine einmalige, phantasiereiche, inseleigene Form des Faschings. Fröhliches Mitmachen ist auch gefragt bei allen Dorf- und Sommerfesten und ganz besonders beim alljährlichen Jahrmarkt im Oktober. Den gibt es seit 1710! Entstanden ist er aus den einst mehrtägigen Viehmärkten, die in Wyk stattfanden und für die Bewohner von Föhr-Land der große Treffpunkt waren für Handel und Einkauf und allerlei Vergnügungen. Heute ist der Jahrmarkt das größte Ereignis im Jahr für die Inseljugend.

Wenn dann das Jahr zu Ende geht, dann freuen sich alle auf den „Silvesterlauf" in der Inselhauptstadt Wyk. Und auf dem Land auf das „Kenknern" beim noch in →*Oldsum* gepflegten Silvesterbrauch, bei dem vermummte Gruppen von Haus zu Haus ziehen und mit Witz und Geist Lieder und Sketche vortragen. Der Lohn nach der Vorführung und der Demaskierung ist stets ein guter Schluck – das Ende ein ziemlich fröhlicher Jahresausklang im Dorfkrug. Dem dann am Neujahrstag der Sprung in die eiskalte Nordsee zur Abkühlung folgen kann. Insulaner und Föhr-Gäste freuen sich auf diese traditionelle Begrüßung des neuen Jahres! Aktiv oder passiv als jubelnde Zuschauer.

Utersum (Ödersem)

Im äußersten Westen der Insel liegt Utersum – weit über die Inselgrenzen hinaus bekannt wegen seiner schon 1930 eröffneten, erfolgreichen Lungenheilstätte. Es ist die heutige, seitab vom Dorf liegende Fachklinik – das „REHA-Zentrum Utersum auf Föhr". Es beherbergt alljährlich Tausende von Gästen. Utersum mit dem eingemeindeten →*Hedehusum*, ein staatlich anerkanntes Nordseebad, ist ein moderner Ferienort, dem man seine frühe Besiedelungsgeschichte nur an den bronzezeitlichen Hügelgräbern (Triibergem) und die Walfang- und Seefahrerzeiten nur an prächtigen Häusern anmerkt. Aber es ist zugleich eine sehr traditionsbewusste Gemeinde, in der noch viel Friesisch gesprochen und die →*Tracht* getragen wird. Urlauber erleben einen tide-freien Strand mit herrlicher Aussicht auf Sylt und Amrum. Strandnah ist in den letzten Jahren ein großer Wohnmobilplatz eingerichtet worden.

Die Kurklinik in Utersum liegt inmmitten von Kiefern und Dünen nah am Strand.

Uthlande

Die Uthlande – in vergangenen Zeiten und Schriften Utlande geschrieben – sind die Außenlande. Seit dem 13. Jh. existiert dieser Begriff, der die abgelegene Situation der nordfriesischen →*Inseln* und →*Halligen* bezeichnet. Das Land vor der Küste, das sich aber über Jahrhunderte durch die großen Sturmfluten immer wieder veränderte. Unglaubliche Verluste an Landmassen und vor allem an Menschen gab es ja immer wieder. Der außenländische Bereich vor der Festlandsküste war meist schwer zu regieren durch die jeweiligen Obrigkeiten. Der Wunsch nach politischer Unabhängigkeit zeigte sich bei den uthländischen Friesen immer wieder.

2006 gründete die Insel- und Halligkonferenz den Förderverein „Region Uthlande“. Gemeinsame Natur- und Wirtschaftsprojekte werden seither umgesetzt. So auch das Projekt „Uthlande-Produkte“. Die Tiere, die zu zertifizierten Fleisch- und Wurstwaren verarbeitet werden, sind alle auf den Inseln und Halligen geboren und aufgewachsen – gesund in einem Natio-

nalpark. Eine Produktqualität, die auch die Schlachtung einschließt. Da weiß man, was man kauft.

Zur Region Uthlande gehören Föhr, Sylt und Amrum, Nordstrand, Nordstrandischmoor, Pellworm, Langeneß, Habel, Gröde, Südfall, Süderoog, Norderoog, Oland, Hooge und Helgoland.

Vögel

Wo man auch ist auf Föhr: Vögel fliegen und singen und zwitschern überall. Viele Sorten, kleine und große, heimische und viele fremde, vorüberziehende Schwärme von Zugvögeln.

Löffler sind vorübergehend auf der Insel.

Vogelkojen

Auf allen nordfriesischen →*Inseln* wurden jahrhundertelang Vogelkojen betrieben. Wie übrigens im ganzen Küstenbereich der Niederlande und Englands und an vielen Regionen der Nordsee. Auch auf Föhr. Heute sind sie fast alle Naturschutzgebiete. Nun sind aber Vogelkojen keine heimeligen Ruheplätze für bedrohte Vögel gewesen. Der Name täuscht. Es sind jahrhundertealte Anlagen für den Wildentenfang. Sie entstanden nach niederländischem Vorbild in Zeiten wirtschaftlicher Not und großer Nahrungsprobleme in den kargen →*Uthlanden*. In jedem Herbst, wenn die Enten auf ihrem Zug gen Süden in ruhigen Süßwasserbereichen rasteten, wurden sie von zahmen Enten auf den Teich gelockt und vom Kojenwärter in die Enge, in die Reusen getrieben. Am Ende der Pfeifen, die halbmondförmig von dem künstlichen Teich ausgehen, wurden die Flugtiere gefangen und getötet. Es waren Tausende von Wildenten, Jahr um Jahr, in der Alten Oevenumer Koje auf Föhr beispielsweise zählte man zwischen 1730 und 1983 sogar 3 033 579 Enten. Die Arten, die gefangen wurden, variierten von Vogelkoje zu Vogelkoje.

Die Enten waren frische Nahrung – aber eingepökelt auch ein bedeutender Exportartikel. In den Wildenten-Konservenfabriken auf Föhr und Amrum wurden sie gerupft und eingedost. Stolz erzählt man noch heute, dass Föhrer Krickenten als Delikatesse auf den New-York-Fahrten der Hamburg-Amerika-Linie serviert wurden. Von den sechs Föhrer Vogelkojen – die Alte Oevenumer, die Neue Oevenumer, die Ackerumer, die Borgsumer, die Oldsumer und die Boldixumer – kann nur die letztgenannte in den Sommermonaten besucht werden. Die Vogelkojen sind naturgeschützte Rückzugsgebiete für Wildenten und für viele andere Tiere. Aber auch hochinteressante historische Zeugen ferner Zeiten.

Bachstelzen brüten unter der Pfeife.

Die nachgebaute Pfeife in der Vogelkoje

Walfang

VIS VINCITUR ARTE = Geschicklichkeit bezwingt Kraft. Auf dem Ölgemälde im Wyker Museum entdeckt man das grundsätzliche Motto der Grönlandfahrer, der mutigen Männer, die jahrhundertelang auf „Walfang und Robbenschlag" zogen.

Walfang – das Thema der Föhrer Geschichte lebt in vielem fort. Denn die jahrhundertelange Verbindung zwischen den seefahrenden Insulanern und der weiten Welt beeinflusste auf Föhr die Bau- und Wohnkultur, die

Viele historische Grabsteine sind mit Schiffsdarstellungen verziert: hier ein Walfängerschiff auf dem Stein von Tücke Olufs aus Wrixum.

Kleidermode, sogar die Namensgebung. Häuser wurden nach holländischem Vorbild gebaut, Stuben mit holländischen →*Fliesen* und Paneelen ausgestattet, Seefahrer brachten Porzellan, Steingut und Fayencen mit, auch Wollstoffe und Seiden für die Frauen und kostbaren Silberfiligranschmuck (der ja immer noch von Insel-Goldschmieden kunstreich gearbeitet wird). Und sie brachten sogar Sandstein für Grabstelen mit!

In der Rückschau gilt die Walfänger-Zeit bei den Nordfriesen als „goldenes Zeitalter". Nach der gewinnbringenden Bernstein-Epoche im 7. und 8. Jahrhundert, nach der mittelalterlichen Blüte durch das „weiße Gold", den Handel mit dem aus Seetorf gewonnenen friesischen Salz, wurde die Zeit der Grönlandfahrten die dritte Periode insularen Wohlstands.

1596 hatten die Engländer und die Holländer das Eismeer als neue Erwerbsquelle entdeckt, ihre ersten Fangfahrten galten der immensen Zahl von Walen und Robben. Auch Hamburger Walfangschiffe befuhren schließlich die Arktis, spanische, französische und dänische Walfänger folgten. Erste Föhrer fuhren schon in han-

Wie eine Harpunenkanone aussah, zeigt ein norwegisches Modell im Friesen-Museum.

seatischem Dienst, als die Holländer begannen, ihre Schiffe mit Nordfriesen zu bemannen. Von der Mitte des 17. Jh. an bis zum 19. Jh. fuhren dann fast alle männlichen Nordfriesen von den →*Inseln* und →*Halligen* auf Walfang und Robbenschlag. Sie fuhren als Kommandeur, Steuermann, Speckschneider, als Harpunier, Matrose, Schiemann, Koch, Bootsmann, Kochsmaat und Schiffsjunge. Manche waren auf ihrer ersten Fahrt noch Kinder, 10/11 Jahre alt, manche fuhren noch als Greise. Im Winterhalbjahr, wenn die Männer zu Hause waren, besuchten sie private Navigationsschulen. Ricardus Petri, Pastor in Süderende, hatte um 1700 als Erster für die Ausbildung „seiner" seefahrenden Gemeindemitglieder gesorgt. Das hatte zur Folge, dass auf Walfang- und später auch auf Handelsschiffen die Föhrer Kommandeure, Kapitäne und Mannschaften als die besten galten.

Die Schaluppe, Beiboot eines Walfängerschiffs, bot sechs bis acht Mann Platz für die Jagd mit der Handharpune, Friesen-Museum.

Alljährlich verließen die Männer im frühen Jahr die Heimat, fuhren mit Küstenschiffen, den Schmackschiffen, zu ihren Ausgangshäfen und dann von dort gen Norden. Zwischen Jan Mayen und Spitzbergen wurde gefangen, auch zwischen Grönland und Neufundland. Die Nordfriesen fuhren in die Eisfelder westlich von Spitzbergen, dort waren die größten Fänge zu machen. Im späten Sommer oder im Herbst kehrten sie zurück. Wenn sie überlebten. Denn viele blieben auf See. Walfangschiffe und Besatzungen gingen in Sturm und Packeis verloren, Mannschaften ertranken, verhungerten, erfroren, verirrten sich im Eis. Krankheiten kosteten Opfer. Immer wieder verunglückten Schmackschiffe mit den rückkehrenden Walfängern auch noch im Angesicht der heimatlichen →*Inseln*.

Zehntausende von Walen wurden Jahr um Jahr erlegt. Man fing den Wal zur Gewinnung von Tran, der ausgekocht wurde und als Brennstoff diente, denn erst im 19. Jh. gab es Petroleum. Man brauchte Tran auch für Seifen und Salben und für die Herstellung von Nitroglycerin. Aus dem Kopf des Pottwals gewann man im 19. Jh. das seltene Ambra für die Parfümindustrie. Man hatte auch Verwendung für Teile des Walskeletts. Aus den Barten beispielsweise wurde das begehrte Fischbein hergestellt. Die Fleischgewinnung spielte erst seit dem späten 20. Jahrhundert eine Rolle.

Als Mitte des 18. Jahrhunderts durch die intensive Jagd die Populationen stark verringert wurden, lohnte sich der Walfang nicht mehr. Gegen 1800 wechselten viele Männer zur Handelsschifffahrt. Eine Neubelebung des Walfangs gab es im 19. Jh. von Hamburg aus und bis zum beginnenden 20. Jh. eine moderne Hamburger Walfanganlage auf Island.

Auch heute wird der Walfang noch in einigen Gewässern der Weltenmeere betrieben. Seit dem letzten Krieg gibt es ein mehrfach angepasstes Internationales Übereinkommen zur Regelung des Walfangs. Darin sind die Quoten für kommerziellen Walfang für alle Walarten und Jagdgebiete festgeschrieben. Der kommerzielle Walfang wurde 1986 verboten. Der eigene Bedarf indigener Völker, wissenschaftliche Zwecke und Sonderregelungen für Japan, Island und Norwegen machen Walfang aber weiterhin möglich. Das Thema ist aus Tierschutzgründen sehr umstritten.

Modell einer Trankocherei im Friesen-Museum

Wattwanderung

Das ist das Besondere am Watt! Man kann darauf spazieren, wandern! Wenn das Meer trockenfällt, bei Ebbe, wird der Meeresgrund begehbar. Man marschiert dann genau dort, wo sonst die Fluten toben, man kann also zu Fuß übers Meer gehen. Es ist ein großes Erlebnis. Direkt vor der Nordseeküste gibt es viele kurze Strecken zum Wattwandern. Und vor den Küsten von Föhr spaziert man auch gerne herum, parallel zum Ufer. Es werden auch Watterkundungen angeboten.

Ein großes Erlebnis ist eine große Wattwanderung, 8 km von Föhr nach Amrum – aber auch von Amrum nach Föhr. Immer geführt! Wie ein langer bunter Wurm zieht sich so eine Schar von Wattwanderern durchs Watt – immer nur mit einem erfahrenen Wattführer, der die Wege kennt, alle Priele und Untiefen. Er weiß um plötzlich auftretende Wetterumstürze und Gefahren. Sicher bringt er seinen bunten

Mit erfahrenen Wattführern kann man bei Ebbe sogar von Föhr nach Amrum wandern.

Wattwurm von Land zu Land. Mit vielen Pausen zur Erklärung der Watten und der Welt. Zurück geht es dann zwischen Amrum und Föhr mit Bus und Schiff. Das geht den ganzen Sommer hindurch, bis in den Herbst. Die von der Tide abhängigen Termine werden veröffentlicht. An wenigen Tagen im Jahr ist es sogar möglich, die Strecke zwischen den beiden →*Inseln* während der Ebbe zweimal zu laufen, hin und zurück.

Das Watt besteht aus Schlick, es gibt Sandwatt, Mischwatt und Schlickwatt.

Überall im Watt findet man die gekringelten Häufchen der Wattwürmer.

Wandern kann man am besten auf Sandwatt oder Mischwatt – Schlickwatt ist sehr matschig und lässt einen an manchen Stellen sehr tief einsinken.

Weltnaturerbe Wattenmeer

Der →*Nationalpark Schleswig-Holsteinisches Wattenmeer* ist seit 2004 UNESCO-Biosphärenreservat und wurde 2009 als UNESCO-Weltnaturerbe Wattenmeer ausgezeichnet.

Weingut Waalem

Da staunt der Inselgast sehr – und auch die Föhrer selbst konnten es anfangs nicht glauben: Die Insel Föhr hat ein Weingut: Waalem, am Strand vor →*Nieblum* gelegen, direkt an der Nordsee und damit den Winden und dem Meeresklima ausgesetzt. Große Felder stehen voller Rebstöcke, rund 4200 weiße und 350 rote auf 7 Hektar in Nieblum und →*Alkersum*.

2008 fing alles an, als unter der Federführung von Prof. Frederik Paulsen die beiden Ministerpräsidenten Peter Harry Carstensen und Kurt Beck über Weinbau in Schleswig-Holstein verhandelten. Das nördlichste Bundesland erhielt zehn Hektar Rebenpflanzrechte von Rheinland-Pfalz übertragen. Inzwischen sind es landesweit gut 30 Hektar, eine Handvoll aktiver Weinbauern produzieren. 2009 wurden die ersten Reben gepflanzt. Seither ist das Land zwischen den Meeren, das für seine hohen Horizonte, seine seligmachenden Küsten und seine maritime Wirtschaft bekannt ist, auch ein Weinland.

Auch auf Föhr ging es los mit den stabilen Weißweinsorten Johanniter und Solaris. Auf dem Gut Waalem gibt es inzwischen die Landweine Waalem Kul, Réserve Waalem und den Cuvée Fering Dringer. Außerdem einen perlenden Sekt: Waalem Brut. Die ersten roten Rebsorten sind auch gesetzt – ihre dunklen Trauben sollen zu Rot- und Roséweinen werden.

Das Weingut Waalem hat eine einzigartige Lage, „Waalem" ist der friesische Name der Flurbezeichnung, in der die Inseltropfen angebaut werden. Ein imposantes 1000 m² großes Gutshaus im Stil des 19. Jahrhunderts wurde dort auch errichtet, in dem man logieren kann, in dem Weinproben und Tagungen stattfinden und sogar geheiratet wird. Es enthält auch die europaweit größte Bibliothek über Arktisforschung – ein Anliegen des internationalen Pharmaunternehmers Paulsen. Der Landwirt Roeloffs, der auf Föhr zum Weinbauern wurde, ist übrigens auf den Geschmack gekommen. Er hat etwas ganz anderes, „Süffiges", auf den Markt gebracht: den glasklaren Roeloffs Gin und einen Apfelbrand Rörden. Gewiss wird er weiter experimentieren. Weinbau im Norden hat, das muss man wissen, eine jahrhundertealte Geschichte. Schließlich brachten die

Direkt am Strand von Nieblum liegt das Weingut Waalem, seine Räumlichkeiten bieten Tagungen und kulturellen Veranstaltungen einen exklusiven Rahmen.

Römer ihren Wein in die römischen Provinzen – in Haithabu und in der Hanse ist er nachgewiesen. Er wurde schnell zum Getränk der „hohen Herren" und der →*Kirchen*.

Im 19. Jh. aber, so scheint es, wurden alle Versuche im Norden eingestellt. Längst hatten sich die Transportwege und die Verkehrsmittel verbessert. Weinhandel war sinnvoller als der höchst komplizierte direkte Anbau der Reben. Auf Gut Waalem wollen die Verantwortlichen aber auch auf die weltweite Klimaveränderung hinweisen, nur die gestiegenen Temperaturen, der bedrohliche Klimawandel machen ja den Weinbau möglich. Das wird so bleiben, da ist man sich nicht nur auf Föhr sicher. Also ein großes Problem, das aktuell hier auf Föhr durch den Gewinn attraktiver Weine ein positives Ergebnis bringt.

Witsum (Wiisem)

Das kleinste Dorf der Insel Föhr, Witsum, liegt ganz am südlichen Rand, zwischen →*Utersum* und →*Nieblum*. In Witsum lebt man ein wenig versteckt, zwischen Wald und Wiesen, mit weitem Blick über das Wattenmeer nach Amrum hinüber und über die naturschöne Godel-Niederung. Kurios: In Witsum liegt der höchste „Berg" der Insel, die fast elf Meter hohe Düne „Sylvert".

Wrixum (Wraksem)

Die große Mühle, ein Erdholländer, ist das Wahrzeichen von Wrixum. Ein Mühlenverein plant die Sanierung der vom Verfall bedrohten Mühle (→*Mühlen*). Man fährt direkt daran vorbei, wenn man →*Wyk* in Richtung Nordwesten verlässt und ohne Übergang den einstigen wohlständigen Kapitänsort Wrixum erreicht. Wunderschöne alte Reetdachhäuser zeugen von der großen Vergangenheit. Viele sind zu schmucken Zweitdomizilen umgebaut, viel ist auch mit Blick auf zunehmende Touristenströme in traditioneller Form neu errichtet worden. Von Wrixum aus erreicht man direkt die Kirche St. Nicolai im angrenzenden →*Boldixum*. Alles liegt hier am Stadtrand von Wyk nahe beiei-

Apfelgarten in Wrixum

Der Sandwall mit seinen schattenspendenden Bäumen lädt zum Flanieren ein.

Wyk auf Föhr (bi a Wik)

Wyk ist die einzige Stadt der Insel – es war ein Ankerplatz in einer Bucht zwischen Marsch und Geest, schon um 1600 erstmals erwähnt. Anfangs war Wyk nicht selbständig, es gehörte zu →*Boldixum*. Aber 1638 tauchte Wyk erstmals urkundlich als eigene Gemeinde auf. 1638 gilt daher als Geburtsjahr Wyks. 1819 wurde Wyk zum ersten staatlich anerkannten Seebad an der deutschen Nordseeküste. Seereisen waren da europaweit ein Thema, sogenannte Lustreisen, also Vergnügungsreisen, aber auch gesundheitsorientierte Seebade-Aufenthalte. Die Stadtrechte bekam Wyk 1910, 1924 wurde dann Boldixum eingemeindet.

Auch heute noch beginnt jede Föhr-Reise im Hafen von Wyk. Nur Privatflieger und wenige Charter-Flugreisende landen ja auf dem kleinen Flugplatz. Wer in der kleinen Stadt mit ihren großen touristischen Möglichkeiten Urlaubszeit verbringen möchte, hat eine ganz enorme Auswahl – vom privat vermieteten Zimmer oder Haus bis zu erstklassigen modernen Hotels.

Nächste Doppelseite: Strand vor Wyk.

113

117
118
35
136
137

Inschrift am wohl ältesten Haus in Wyk – klein, aber mein

Auf Föhr haben schon Millionen von Urlaubern wunderbare Zeiten verbracht und eine der schönsten Seepromenaden des Nordens mit Leben erfüllt. Immer an der offenen See entlang verläuft sie, mit klarem Blick auf die →*Halligen*. Seit schon zu Beginn des 19. Jahrhunderts die heilklimatischen Vorzüge der Insellage erkannt wurden, sorgten frühe Formen des Kur- und Heiltourismus für hohe Besucherzahlen. Auch Kurheime für Kinder entstanden. Der „Gesundheitstourismus" wurde zu einem bedeutenden Wirtschaftsfaktor für Wyk.

In Wyk, aber auch in den Inseldörfern, hat man viele Möglichkeiten für sportliche Aktivitäten (→*Sport*). Wyk bietet außerdem das Jahr hindurch spannende Kulturprogramme, auch naturkundliche, interessant sind Schiffsausflüge zu den Nachbarinseln und Halligen. Ein breit gefächertes Gastronomieangebot und beste Einkaufsmöglichkeiten machen einen inhaltsreichen und auch autofreien Urlaub in Wyk und inselweit möglich – denn es gibt ja Räder und Inselbusse.

Wyk ist eine lebendige, moderne und doch immer auch behagliche Stadt mit viel Atmosphäre und traditionsreicher Geschichte. Stolz ist man immer noch auf die Zeiten, als die kleine Inselstadt die Sommerresidenz des dänischen Königs war und als Kaiser und Könige und so manche →*Prominenz* hier logierten. Künstler aller Art fanden hier ihr Paradies. Durch zwei große Brände – 1857 und 1869 – gingen der Stadt Wyk allerdings Hunderte von Häusern mit historischer Bausubstanz verloren. Daher auch der Charme, der das Besondere der Inseldörfer ausmacht.

Eine eigene Kirche hat sich Wyk nie geleistet – zumal es ja jahrhundertelang zu Boldixum gehörte. Die eindrucksvolle Kirche St. Nicolai mit ihrem interessanten Friedhof war ja die Kirche auch der Städter. Aber wenigstens einen eigenen Turm brauchte man, inmitten der Stadt, weil das Boldixumer Läuten nicht so weit zu hören war. Bei Leid und Freud. So also wurde 1701 in Wyk zentral ein Turm mit einer Glocke aufgestellt. Ein hölzerner, der fortan seinen Läute-Dienst für Tote und Lebende versah. 1790 wurde er ersetzt durch Turm Nr. 2, wieder aus Holz und zwiefach ge- bzw. missbraucht. Der Glockenturm war zugleich Spritzenhaus ... 1824 kam ein großer Sturm und legte den hölzernen Bau krachend um. Aber der per Flaschenzug wiederaufgerichtete Turm hielt immerhin noch ein gutes halbes Jahrhundert. Das Ende kam 1883. Seit 1886 nun gibt es den achteckigen backsteinernen Glockenturm, der noch heute den Wykern mit seiner alten Glocke von 1701, zweifach umgegossen, den vertrauten Schlag liefert.

Der Glockenturm in Wyk wurde ursprünglich gebaut, da man das Läuten der zugehörigen Boldixumer Kirche nicht so weit hören konnte.

Zeittafel

1231 – Im „Erdbuch" von König Waldemar II. von Dänemark werden erstmals die Osterharde und die Westerharde Föhr urkundlich erwähnt. Jahrhundertelang gehört danach Osterland Föhr zum Herzogtum Schleswig, Westerland Föhr zum Königreich Dänemark.

1240 – Die St. Laurentii-Kirche in Süderende wird erstmals erwähnt. Auch St. Nicolai in Boldixum. St. Johannis in Nieblum stammt ebenfalls aus dem 13. Jahrhundert, enthält aber noch Reste einer älteren Vorgängerkirche.

1362 – Die erste Mandränke tobt im Januar, die Marcellusflut – die heutigen Inseln und Halligen werden endgültig getrennt vom Festland. Bereits im Januar 1219 hat die erste Marcellusflut viel Land zerstört und Zigtausende von Menschen getötet. Im Oktober 1634 folgt die zweite Mandränke, die Burchardiflut ... Wieder geht viel Land verloren und wieder sterben Zehntausende. Bis in die jüngste Vergangenheit waren große Sturmfluten der Schrecken der Insel- und Halligwelt.

1611 – Wyk (bey de Wiecke) wird erstmals urkundlich erwähnt. Immer mehr Ansiedler kommen von den umliegenden Halligen. 1663 werden 220 Einwohner gezählt.

ca. 1650–1785 – Die Walfangzeit der Föhrer Friesen, auch des Grönlandhandels, gilt als „goldenes Zeitalter" der Insel. Ab ca. 1760/1783, als die Walfangzeit auslief, wechseln viele Föhrer Seefahrer auf Handelsschiffe.

1662 – Regelmäßige Schiffsverbindungen zwischen dem nordfriesischen Festland und der Insel Föhr werden eingerichtet. Ab Mitte des 18. Jahrhunderts gelingt es auch vom Dagebüller Hafen aus.

1706 – Wyk erhält die Fleckengerechtigkeit. Es ist damit nicht mehr Ortsteil von Boldixum, sondern ein selbständiger Ort. 1710 folgt die Marktgerechtigkeit mit Handelsprivilegien.

1819 – Das Seebad Wyk (Wieck) wird gegründet. Es ist das älteste Seebad an der Nordseeküste Schleswig-Holsteins. In der ersten Saison kommen 61 Badegäste.

1830 – Zum ersten Mal fährt ein Dampfschiff von Hamburg über Helgoland nach Wyk.

1842–1847 – Der dänische König Christian VIII. wählt Föhr zu seiner Sommerresidenz. Begleitet von seiner großen Familie und einem Hofstaat von ca. 80 Personen reist er Jahr um Jahr auf „seine" Insel und lädt immer auch Gäste dazu. Wie 1844 Hans Christian Andersen.

1857 – Ein Großfeuer zerstört den größten Teil der Stadt Wyk, etwa 100 Häuser. Der Wiederaufbau beginnt sofort, ist aber sehr kostspielig und daher mühselig. 1869 ereignet sich ein verheerender zweiter Brand in der Stadt.

1864 – Nach dem deutsch-dänischen Krieg wird die Insel Föhr Teil des Königreichs Preußen. Bis dato war die Insel amtlich zweigeteilt. Das westliche Föhr gehörte bis 1864 zum Königreich Dänemark. Der Osten der Insel dagegen zum Herzogtum Schleswig. Nach dem preußisch-österreichischen Krieg 1866 wird Schleswig-Holstein, auch Föhr, schließlich 1867 preußisch. 1871 wird dann auch Föhr Teil des deutschen Kaiserreichs.

1869–1875 – Kronprinz Friedrich-Wilhelm und Kronprinzessin Viktoria von Preußen besuchen – der Tradition des dänischen Königs folgend – das Seebad Wyk mit ihren Kindern und einem kleinen Hofstaat. Sohn Wilhelm ist der spätere Kaiser Wilhelm II.

1878–1879 – Johann Strauß, der Walzerkönig aus Wien, kommt zum Sommerurlaub nach Wyk. Hier komponiert er seinen Walzer „Nordseebilder".

1885 – Die Wyker Dampfschiffs-Reederei Föhr-Amrum (W.D.R.) wird gegründet.

1898 – Das Nordsee-Sanatorium und der Kurpark werden von Dr. Karl Gmelin und Dr. Otto Mensendieck am Südstrand gegründet, die Gesamtplanung stammt von dem Architekten August Endell.

1908 – Das Dr.-Carl-Häberlin-Friesen-Museum wird von dem Arzt, Sammler und Regionalforscher Dr. Carl Haeberlin in Wyk gegründet.

1910 – Wyk erhält das Stadtrecht.

1920 – Bei der Volksabstimmung entscheidet sich die Mehrheit der Insel Föhr für den Verbleib in Deutschland.

1924 – Boldixum, die bisher selbständige Dorfgemeinde, wird von Wyk eingemeindet. Der Südstrand gehört schon seit 1910 zu Wyk.

1950 – Wyk auf Föhr wird anerkanntes Nordseeheilbad.

1970 – Eine Gebietsreform schafft den neuen Kreis Nordfriesland, zu dem auch Föhr gehört.

2004 – Der Nationalpark Schleswig-Holsteinisches Wattenmeer wird von der UNESCO zum „Biosphärenreservat Schleswig-Holsteinisches Wattenmeer und Halligen" erklärt. 2009 wird es in die UNESCO-Liste des Weltnaturerbes aufgenommen.

2009 – In Alkersum wird das Museum Kunst der Westküste eröffnet, gestiftet von Prof. Frederik Paulsen.

2010 – Föhr wirbt mit dem neuen Slogan: Die Insel in der „Friesischen Karibik".

2012 – Der Deutsche Trachtenverband kürt die Föhringer Tracht zur „Tracht des Jahres" – das große Deutsche Trachtenfest mit Teilnehmerinnen und Teilnehmern aus allen Regionen Deutschlands findet auf der Insel statt.

2021 – nach der zweiten Corona-Pause startet Föhr wieder durch. Wyk mit seinen rund 4000 Einwohnern und die rund 4000 Einwohner der elf Inselgemeinden freuen sich auf Urlaubsgäste.

Literaturangaben

Lesens-wertes ...

Alkersum auf Föhr – Ein nordfriesisches Inseldorf und seine Geschichte, Husum 2018

Birgit Amon: Der Zeit voraus. Dr. Frederik Paulsen (1909–1997) – Der Mann, der Ferring gründete, Kiel 1999

Antje Arfsten, Thomas Steensen, Wendy Vanselow: Die Friesen verstehen. Das kleine Handbuch für Nordfriesland, Hamburg 2013

Harro Bohn: Die ganz alten Grabsteine. Hrsg. Ev.-Luth. Kirchengemeinde St. Johannis/Föhr, Husum 2005

Lorenz Braren: Geschlechter-Reihen St. Laurentii-Föhr, Teil I, Ia und II in drei Bänden, Husum 1980•

Reinhard Bordel (Hrsg.): Alte Baukultur auf Föhr, Husum 1988

Jan I. Faltings: Föhrer Grönlandfahrt im 18. und 19. Jahrhundert, Amrum 2010

Volkert F. Faltings: Kleine Namenskunde für Föhr und Amrum, Hamburg 1985

Volkert F. Faltings und Reinhard Jannen (Hrsg.): Lexikon der friesischen Redewendungen von Föhr und Amrum, Husum 2016

Föhrer Landfrauenverein (Hrsg.): Unsere Föhrer Küchendüfte. Husum 2001

Hans Hansen: 75 Jahre Wyker Dampfschiffs-Reederei GmbH (1885–1960), Wyk 1960

Karin Hansen: Der Flecken Wyk auf der Insel Föhr. Ein Beitrag zur Geschichte der Bebauung des Fleckens und seiner Bewohner, Husum 2010

Anni Haprich-Mommsen: Schule und mehr von Alkersum auf Föhr. Eine erweiterte Schulchronik, Husum 2010

Hans-Daniel Ingwersen: Wyk auf Föhr in alten Ansichten, 2 Bände, Zaltbommel/Niederlande, 1993 und 1996

InselAlltag / IslandLife, Einblicke in friesische Lebenswelten auf Föhr / Insights into Frisian Lives on Föhr. Schriften der Freunde des Museums Europäischer Kulturen, Bd. 16, Husum 2017

Jutta Kollbaum-Weber: Historische Jagd- und Fangmethoden auf der Insel Föhr und in den Uthlanden, Husum 2007

Jutta Kollbaum-Weber: Vögel auf Föhr, Husum 2009

Heinrich Koops: Kirchengeschichte der Insel Föhr, Husum 1987

Kari Köster-Lösche und Karl-Heinz Lösche: Küchen & Kochen in Nordfriesland, Hamburg 1989

Harry Kunz, Fiete Pingel, Thomas Steensen: Nordfriesland von A bis Z, Bredstedt 1998

Harry Kunz, Thomas Steensen: Föhr-Lexikon, Bredstedt, 2013

Jutta Kürtz: Badeleben an Nord- und Ostsee, Heide 1994

Jutta und Hans Joachim Kürtz: Föhr. Hamburg 2000

Jutta Kürtz: Rund Föhr. Inselbräuche, Husum 2005

Jutta Kürtz: Föhr – Die Insel der Friesischen Karibik, Husum 2011

Leveke Lambersy: RUNDFÖHR-Magazin, Wyk a. Föhr 2021

Klaus Lengsfeld (Hrsg.) Der historische Walfang der Nordfriesen, Husum 1991

Johann Lorenzen: Geschlechter-Reihen St. Laurentii-Föhr, Teil III, Husum 2000

Walter Lüden: Redende Steine, Hamburg 1984

Dirk Meier: Naturgewalten im Weltnaturerbe Wattenmeer, Heide 2012

Mia Munier-Wroblewski: Olaf Braren, Roman. Schriften des Nordfriesischen Instituts, Nr. 209, Husum 2010

Günter Pump: Föhr-Genuss, Lieblingsrezepte aus der Inselküche, Husum 2013

Georg Quedens: Was man über Föhr wissen sollte, Hamburg 2012

Karin de la Roi-Frey: Sommer in Wyk, eine Zeitreise, Mühlacker 2020

Brar C. Roeloffs: Bauern, Seefahrer und Auswanderer von der Insel Föhr, Husum 2007

Juschi Seifried-Otte: Insel-Schätze – Schätze einer Insel. Föhrer Impressionen und Dr.-Carl-Häberlin-Friesen-Museum, Husum 2010

Thomas Steensen: Das große Nordfriesland-Buch, Hamburg 2000

Jakob Tholund: Grüne Insel im Wattenmeer: Föhr, Hamburg 2000

Kai H. Thiele: Empfindsame Reise. Die Fahrt des Dichters Hans Christian Andersen zur königlichen Sommerresidenz in Wyk auf Föhr im Sommer 1844, Husum 2011

Inhalt

Umschlag: Dr.-Carl-Häberlin-Friesen-Museum, zwei 6,30 m hohe Unterkieferknochen eines Blauwals zieren den Eingang, Wyk; Seite 2/3: Wyker Anleger; Seite 4/5: Fiete Föhr, das Maskottchen der Insel wurde aus Eichenholz geschnitzt.

Bibliografische Information der Deutschen Nationalbibliothek
Die Deutsche Nationalbibliothek verzeichnet diese Publikation in der Deutschen Nationalbibliografie; detaillierte bibliografische Daten sind im Internet über http://dnb.dnb.de abrufbar.

Dank an die Reederei Adler-Schiffe für die Unterstützung des Fotografen.

Gesamtherstellung: Husum Druck- und Verlagsgesellschaft
Postfach 1480, D-25804 Husum – www.verlagsgruppe.de

ISBN 978-3-96717-071-9

1 Camping
2 Fähren
3 Ferring-Stiftung
4 Lembecksburg
5 Leuchttürme
6 Museen
7 Godelniederung
8 Oterbaankin
9 Vogelkoje
10 Wattwanderung nach Amrum
11 Weingut Waalem
Liinsand
Dunsum
Süderer
Utersum
Witsum
Hedehusum
Nordmannsgrund